U0613349

文心学思

当代名家访谈录

单德兴 著

SPM
南方出版传媒
广东人民出版社
·广州·

图书在版编目（CIP）数据

文心学思：当代名家访谈录／单德兴著. —广州：广东人民出版
社，2016.8
（世界华文大家经典）
ISBN 978 - 7 - 218 - 10821 - 6

Ⅰ. ①文… Ⅱ. ①单… Ⅲ. ①作家 - 访问记 - 中国 - 现代
Ⅳ. ①K825. 6

中国版本图书馆 CIP 数据核字（2016）第 074693 号

WEN XIN XUE SI：DANGDAI MINGJIA FANGTANLU
文心学思：当代名家访谈录
单德兴 著

出 版 人：曾 莹

总 策 划：肖风华
主 编：李怀宇
责任编辑：罗 丹 李怀宇
封面设计：张绮华
责任技编：周 杰 黎碧霞

出版发行：广东人民出版社
地 址：广州市大沙头四马路 10 号（邮政编码：510102）
电 话：（020）83798714（总编室）
传 真：（020）83780199
网 址：http://www.gdpph.com
印 刷：恒美印务（广州）有限公司
开 本：889mm×1194mm 1/32
印 张：9.5 插 页：1 字 数：221 千
版 次：2016 年 8 月第 1 版 2016 年 8 月第 1 次印刷
定 价：55.00 元

如发现印装质量问题，影响阅读，请与出版社（020－83795749）联系调换。
售书热线：（020）83795240

单德兴

目 录

简体字版序···1
自序···1

创作篇

文学与宗教：王文兴访谈录·····························3
美国·自由·生活：哈金访谈录························27
诗歌·历史·正义：林永得访谈录····················47

翻译篇

第十位缪斯：余光中访谈录····························65
翻译面面观：齐邦媛访谈录··························109
寂寞翻译事：刘绍铭访谈录··························139

学术篇

曲终人不散，江上数峰青：齐邦媛访谈录··········177
狐狸型学者的自我文本解读：李欧梵访谈录·········203
却顾所来径：周英雄访谈录··························259

简体字版序

单德兴

《文心学思：当代名家访谈录》是我继翻译与专书之后，以简体字出版的第一本访谈集，收录了近年来的九篇访谈，受访者不是作家，就是学者，有不少是身兼两者、甚至三者皆备，如余光中老师就是著名的三"者"合一（作者、学者、译者），四"艺"并进（诗歌、散文、评论、翻译）。因此，书名结合了作者的"文"学"心"路与"学"者的"思"想历程，呼应了繁体字版的书名《却顾所来径》，且更直截了当。

做任何事入门要正，眼界宜高，取法乎上。我于一九八〇年代翻译、出版以文艺访谈驰名国际的《巴黎评论》（*The Paris Review*），在漫漫的过程里，精读细品英文，斟酌推敲中文，深入体察问答双方的互动交流，叹服于精彩的访谈纪录与珍贵的文史数据。以后为了个人兴趣与研究需要，自己进行访谈，先从认识的作者与学者开始，效法《巴黎评论》，充分准备，敬谨从事，访谈录音誊稿尽量请受访者过目（未过目者也获其授权处理），以中、英文出版于学术期刊与访谈集，不知不觉已逾三十载。

访谈与独立研究不同，涉及与他人的互动协商，过程中会出现无法事先掌握的变量，但也正因如此，为双方带来了意想不到的转折与惊奇。其实，深度访谈是非常劳力密集的工作，事前的阅读资料与准备问题，访谈中的多方探询与随机应变，对话后的誊打编辑与往返修订，在在需要时间、细心、耐心。甚至有些访谈由于内容与原先设想落差较大，或主客观条件不足，不得不束之高阁。因此，其中的惊奇与"风险"比个人研究要高出许多，但吸引人之处也在于此，因为不知道你的问题会引出什么答案，而这个答案会引发你追问什么问题……整个过程既像双方对垒攻防，也如彼此协力探索，非实际从事者难体会个中奥妙。

此外，访谈涉及知识、经验与智能的分享。我一向服膺读书、知人、论世之说，为学努力结合文本、生平、脉络，而访谈是最直接有效串连三者之道。由于个人受益匪浅，不忍独享，遂花费时间、心力整理，寻求出版。其中经过一遍又一遍地修订，过程繁琐，备极辛劳，一篇访谈耗时经年的情形并不罕见，而我多年下来却仍一本初衷，乐此不疲，为名副其实的甘愿作、欢喜受（labor of love）。

经年累月的实践，让我逐渐摸索出一些门道。早年每每过度准备，尽量遍读受访者相关资料，整理出一大叠小卡片，分门别类，每张卡片上列出一个问题，逐一询问，照章行事，虽然完备，但不免拘谨。待经验较多、见识较广之后，仍是努力准备，但过程中较放得开，尤其与熟识者访谈，互信基础稳固，更是轻松自在，有如促膝对谈，唯话题更为集中。相形之下，《巴黎评论》因盛名在外，问答双方都郑重其事，访谈稿一改再改，固然文字精琢洗练，但有时难免牺牲了对话中的活泼与现场感，而这正是访谈的重要特色。

在此感谢允晨文化廖志峰发行人对繁体字版的大力支持，广东人民出版社李怀宇先生热心促成简体字版问世。李先生是经验丰富的访谈者，于文史思想着力尤深，本书能得到他的青睐，建议书名，并与其他久仰的学者专家并列于《世界华文大家经典》，实为莫大荣幸。此次趁出版简体字版的机会加以精简，使结构更扎实，若干遣词用字也更精准。

总之，访谈涉及主访者与受访者的互动，比一般写作或单向沟通更为复杂。就文艺和学术访谈而言，受访者为该领域杰出人士，累积多年经验与特殊心得。主访者从个人的发言位置与人文关怀出发，事先详阅数据，思考题目，现场临机应变，借由殷殷扣问，引发受访者的响应，分享个人经验、学思历程、专业心得、人生智慧。这些对话与交流不仅为受访者留下珍贵的第一手数据，也提供读者一窥其内心世界、分享人生经验与专业洞见的难得机会。因此，访谈对受访者是"却顾所来径"，对读者是"与智者为伍"，主访者正是促成对话与交流的桥梁，目标则在于"此中有真意"。

是为序。

2016年3月12日
台北南港

自 序

扣问与回响

单德兴

沉甸甸的书稿交出时，我笑说："明天要睡到自然醒。"

这本书集结了我近年来有缘访谈的华人世界代表性作者、译者与学者的文字纪录与图片，文稿一改再改，图片一增再增，终能在出国研究前六天，溽暑的七月下旬车水马龙的南京东路一栋办公大厦的六楼，交出这份访谈稿，放下心中一块巨石。

果然一夜好眠。

第二天早上醒来，内室还是一片黑暗，就着手表的微光端详，竟然不到五点，比平常还要提早不少。既然已经醒来，便趁着凉爽的清晨出外。记不得有多久没这么早出门散步了。沿着四分溪走在"中央研究院"里，清晨的头脑特别灵活，不禁想到任职"中研院"已超过三十一个年头，在这一万一千多个日子里，除非出门在外，否则几乎天天走路上班，这种生活已超过了半辈子，成为我全部的学术生涯，不禁感到"此身虽在，堪惊"。

1

不知不觉路过任职的欧美研究所（我初到时是"美国文化研究所"，一九九一年易名），来到民族学研究所旁的侧门，穿过研究院路，就是胡适公园。我大约每周路过此地一次访人。原先的小径这几星期在整修，平时不见有人工作，却依然拉上黄布条。绕道的小径经过胡适墓园和铜像，即使未曾驻足，每次依然对这位五四健将、"中研院"前院长油然生出缅怀之心。今晨无事，就在此流连片刻，遥想昔日风光，反思自己的研究生活：从不知"中研院"为何物，至今已成为资深研究人员，过着外人眼中逍遥、光鲜的自由生活，却不知何为"朝九晚五""周休二日"，总是一篇论文接着另一篇论文，一个研究计划接着另一个研究计划，过着"债台高筑"的日子，似乎永远没有偿清的一天。年年月月就在学术之路寻寻觅觅中度过——难道研究（"research"）就是永无止境的寻觅再寻觅（"re-search"）？

于是一篇篇的论文和一本本的专书、译作就成了寻觅过程中的雪泥鸿爪，记录了自己思索与努力的阶段性成果，集中于对人性的探索、对文学的喜好以及对人文的尊崇，而这些俱是人之所以为人，人类之所以有今日的文明与文化的核心因素。年届耳顺的我，益发感到时不我予，如何利用日渐短少消逝的时光与体力，将所见所闻所思所学记录下来，与有缘者对话交流、切磋砥砺，成了当务之急。

《却顾所来径：当代名家访谈录》（简体字版名《文心学思：当代名家访谈录》）是我继《对话与交流：当代中外作家、批评家访谈录》（台北：麦田，2001）与《与智者为伍：亚美文学与文化名家访谈录》（台北：允晨文化，2009）之后出版的第三本访谈集。犹记得就读台大外文研究所硕士班时，初次读到《巴黎评论》（*The Paris Review*）的访谈，甚受感动与启发，不忍独享，于是从数册《作家访谈集》（*Writers at Work*）中精选、翻译了十几位英美名作家，包括数位诺贝尔文学奖得主，于台湾出版《英美名作家访谈录》（台北：书林，1986）。翻译时的细读深思、字斟句酌使得《巴黎评论》的访谈标准深入我心，成为后来自己从事访谈时根深蒂固的习性，算来也已超过三十年。

在《对话与交流》的《绪论》中，我根据中外资料与亲身经验，阐明了"访谈"这个文类（genre）或次文类（sub-genre）的特色与错综复杂，并强调其中涉及的美学、政治、伦理：亦即，访谈的文字、修辞与结构的整理、讲究与安排，主访者与受访者之间微妙的互动与权力关系，以及主访者对受访者与读者所独具的再现的权力/权利与义务。在《与智者为伍》的序言中，我也指出与学有专精、充满智慧与行动力的作家与知识分子交流、问学的乐趣与收获。文中并以土耳其作家帕慕克（Orhan Pamuk, 1952- ）为例，指出《巴黎评论》一篇与美国作家福克纳（William Faulkner, 1897-1962）的访谈，在当时年方二十五、怀抱作家梦的异地青年心目中有如"一个神圣的文本"，产生了决定性的影响，坚定了他写作的信心，竟于三十年后同样获得诺贝尔文学奖，并为《巴黎评论访谈录，第二辑》（*The Paris Review Interviews, II*）撰写序言，显示了文字因缘的不可思议。

这些访谈与我个人的专业领域息息相关，很大程度反映了我个人的学术兴趣与生命关怀。而在人生路程能与这些杰出的中外作家、学者、批评家相逢，建立文字因缘，留下白纸黑字的记录，对于个性内敛的我来说，也是难能可贵的事。因此，我在《与智者为伍》的序言结尾期许："身为代言人、再现者的访谈者，在为自己求知、解惑的同时，也可借由访谈录将个人的关怀与受访者的回答公之于世，分享他人，纵使未必知道这些访谈的效应如何，但或许某时某地某个有缘人能像帕慕克一样，在其中得到安慰、鼓励与指引。"

相较于前两本访谈集，本书的十一篇（编按：简体字版为九篇）访谈集中于我国与华裔人士，都是我佩服的前辈师长与作家——余光中教授与王文兴教授更分别是我在政大西语系与台大外文所的老师，以及文学、翻译、访谈方面的启蒙师。全书依主题分为创作篇、翻译篇与学术篇。创作篇是在不同的时空因缘下访谈的三位作家——王文兴、哈金（Ha Jin）与林永得（Wing Tek Lum）——针对彼此关切的议题进行访问。值得一提的是，一九八三年我为了第一篇国际会议论文，首次进行访谈，对象就是王老师，当时两人都称许《巴黎评论》的高规格访谈，而那篇仔细修订的访谈逾三万字，后来成为王文兴研究的代表性文献之一。将近三十年后再度因为不同的机缘向王老师请教，尤其是讨论一般文学研究中较少触及的宗教、灵修与终极关怀，再度令我大开眼界，也是师生之间难得的跨宗教对话（王老师是天主教徒，我是佛教徒）。至于第三代华裔夏威夷诗人林永得与第一代华裔美籍作家哈金都是我多年研究的对象，佩服他们的写作技巧以及透过文学所表达的人道关怀。一九九七年与林永得的当面访谈收录于《对话与交流》，二〇〇八年与哈金的书面访谈收录于《与智者为伍》，之后一路追踪他们的文学创作：林永得自一九九七年阅读了张纯如（Iris Chang, 1968-2004）的《南京浩劫：被遗忘的大屠杀》（*The Rape of Nanking: The Forgotten Holocaust of World War II*）之后，多年以诗作表达对于南京大屠杀的关切以及对战争的反思；哈金于《自由生活》（*A Free Life*）中展现了流亡美国、过自由生活的同时，在异域他乡以非母语写作的艰辛与挑战、坚持与成果，于《南京安魂曲》（*Nanjing Requiem*）中颂赞美国传教士、教育家魏特琳（Minnie Vautrin, 1886-1941，中文名华群）在南京沦陷后保护南京妇孺的崇高义举，谴责日本侵华战争的罪行。

翻译篇为本书的特色，因为前两本访谈集虽然偶尔触及文学与文化翻译，却未专门针对翻译这个重要议题进行访谈，而本书所访谈的三位华文世界的前辈学者——余光中老师、齐邦媛教授和刘绍铭教授——数十年推动翻译不遗余力，受到国内外学界、翻译界、文化界普遍肯定，但在他们的多重角色与贡献中，攸关文学与文化交流的翻译却不见深入的访谈。余老师自中学起便翻译不辍，自称诗歌、散文、评论、翻译是他"写作生命的四度空间"，与诗作相互影响，也曾将诗作自译成英文，但翻译却成为他的文学世界中最被忽略的领域。齐老师自抗战时代起便阅读翻译作品，任职"国立编译馆"时大力推动台湾文学外译与外国经典中译，后来又与王德威教授为哥伦比亚大学出版社合编"台湾现代华语文学"（Modern Chinese Literature from Taiwan）系列，是台湾文学向国际进军的重要推手，数十年如一日。刘教授多年来以英文编译中国古典文学、现代文学与台湾文学，成为美国大学的教科书，一九七〇、八〇年代分别以中文译介犹太裔与华裔美国文学，开华文世界风气之先。他们的翻译成果都为文学界提供了重要的养分，促进文化交流，却未得到应有的评价与重视。为了弥补这个缺憾，矫正华文世界与学界对翻译的忽视与偏见，我特地针对这个议题向三位翻译界与文学界的前辈进行访谈，请他们分享多年从事翻译、推动翻译以及评论翻译的经验与心得，为华文翻译界留下难得的史料。

学术篇则与我关切的学术建制史（institutional history）有关，访谈的三位都是华文世界的知名学者——齐老师、李欧梵教授与周英雄教授。三人背景的异同正可发挥相辅相成之效。齐老师出生于中国辽宁省，于抗战时期接受文学教育，受朱光潜先生启发尤深，此访谈是继先前为其回忆录《巨流河》（台北：天下文化，2009）的口述底稿而做。她是1945年后台湾大学外文系第一位助教，创立中兴大学外文系，为"中华民国"比较文学学会的发起人之一，参与并见证了英美文学与比较文学在台湾的推动与发展。李教授出生于中国河南省，于台湾长大，访谈中他别出心裁地将自己视为文本加以解读，有关新竹中学的叙述让人缅怀辛志平校长的教育理念与深远影响，保送进入台大外文系之后与白先勇、王文兴、陈若曦、欧阳子等人同班，共同打造了《现代文学》的传奇，赴美留学时所遭逢的名家与际遇，出入于文学、历史与理论之间，对于美国与华语学界的观察……在在令人回味。周教授则出生于台湾云林虎尾，在访谈中叙述了早年就读台湾师范大学英语系与研究所时的情形，先后负笈夏威夷与加州，学成后赴香港任教多年，又返回台湾在不同的学术行政职位与民间学会推动外文学门的研究与发展。由这三位的出身背景、求学过程、学术发展、经历与贡献，多少可以勾勒出台湾的外文学门，尤其是英美文学与比较文学的轨迹与特色，为学术建制史留下珍贵的经验与纪录。

由上述可知，本书涉及创作、翻译、学术建制等不同面向，有其多元性，基本上是一位台湾学者在不同的机缘下，从其知识立场与发言位置，针对若干具有代表性的作者、译者、学者所进行的访谈。另一种多样性则在发生的场景。先前两本访谈集几乎全为一对一的访谈，本书的访谈虽然大多如此，但也有几篇的情形比较特殊，比如哈金的访谈是为了当时正在筹划中的"华裔移民对美国贡献特展"（"Immigrants Building America"），于台北美国文化中心进行，现场并有录像，录像的片段后来于特展中播放；齐老师有关英美文学与比较文学的访谈，则是对台湾的外文学门建制史有兴趣的我和王智明博士合访。访谈的方式全都是当面进行，地点以台北居多（四次），其他包括了桃园、新竹、高雄、香港与夏威夷。凡此种种都增加了访谈的复杂性，也呈现了更丰富多元的面貌。

若干受访者，如王文兴、林永得、哈金，已出现于前两本访谈集中，有的则在本书中出现两次（齐老师）。然而这些再访非但不致令人觉得重复，反而更凸显了受访者多元的面貌与丰饶的内心世界，见证了他们的发展以及在时光中留下的轨迹，也反映了我个人身为学者、访谈者及芸芸众生之一的关切、发展以及变与不变之处。

此书虽不是学术论文集，但绝非研究"之余"的副产品，而是与之同步进行的成果，具有独立的价值，若干数据且引用于笔者的论文中。准备这些访谈所花费的时间、精神、编辑作业不见得较论文少，反而因为涉及受访者，在联络与后续作业上花了更多的工夫，在此感谢受访者的合作与用心，如余老师连一个英文字母都不错过，王老师、齐老师、刘教授、周教授等人仔细校订，哈金先生在百忙中迅速回传校稿，林永得先生修订英文录音誊稿。

本书虽未编制索引，但彼此之间时有关联：从周教授的访谈中得知余老师在台师大英语研究所教过他翻译，当时用的方法包括口译王尔德（Oscar Wilde, 1854-1900）的喜剧，由此可知余老师对王尔德垂青已久，经多年准备，终于将他的喜剧全部译成中文；从刘教授的访谈中得知朱立民老师教他翻译时是口译米勒（Arthur Miller, 1915-2005）的剧本；又如王老师、刘教授和李教授当初都是《现代文学》的创刊成员，刘教授撰写发刊词，选择介绍的作家多出自王老师的主意，李教授则是"敲边鼓"，至今依然非常推崇《现代文学》第一期的封面作家卡夫卡（Frantz Kafka, 1883-1924）。

交出书稿后，我前往美国加州，在旧金山和洛杉矶进行短期研究与访谈。时差尚未调整过来的我在成立于柏克莱近半世纪的天马书店（Pegasus Books）看到夏季号的《巴黎评论》，赫然发现悼念创刊者之一麦西森（Peter Matthiessen, 1927-2014）的短文。今年四月甫去世的他是小说家，也是禅修者，一九五三年在巴黎筹划此刊物时，另一位创刊者普林顿（George Plimpton, 1924-2003）为了省钱并打响招牌，想出作家访谈的点子，访问了于英国剑桥大学认识的小说家福斯特（E. M. Forster, 1879-1970），果然一鸣惊人。主访者事先的审慎准备以及事后受访者的仔细修订，使得《巴黎评论》的访谈长久以来成为全世界文艺访谈的标杆。最近一期距离这份季刊创刊已有六十一年，名为"小说艺术"（The Art of Fiction）的访谈已是第二百二十三篇，名为"诗歌艺术"（The Art of Poetry）的访谈则是第九十八篇。一九六七年，文学批评家卡静（Alfred Kazin, 1915-1998）在为自己编辑的第三册《作家访谈集》（New York: Viking, 1967）的绪论中，称赞其为"晚近有关传记艺术的最佳例证""当代作家的最佳侧影"（vii, ix）。一九九五年，名编辑贝拉弥（Joe David Bellamy）于《文学奢华：千禧年末的美国写作》（*Literary Luxuries: American Writing at the End of the Millennium*）一书中称许其为"世界史上单一最持久的文化对话行为"（213）。二〇一〇年，加纳（Dwight Garner）在《纽约时报》（*The New York Times*）也有如下的赞许："在我们的文学宇宙中，《巴黎评论》的访谈是谈话的经典，长久以来树立了纸上精酿的对话的标准"（十月二十二日）。由这些横跨数十年的赞美之词，可知《巴黎评论》及其访谈在世界文坛的重要性，称其为一"建制"当不为过。

我个人以其为标杆，三十年来乐此不疲从事访谈，前后三本访谈集总计收录近四十篇中文访谈，若干也曾发表于英文期刊，采用一问一答的形式，绝大多数经过受访者修订（受访者本人未修订者系授权笔者全权处理），旨在兼顾现场感与正确性，减少主访者的主观介入。维尔（V. Vale）在他主访的《真正对话》（*Real Conversations*, San Francisco: RE/Search Publications, 2011）第一集的再版序言中特别指出，相较于"采访式"（"journalist"）的文章，这种一来一往的问答形式有底下五个优点：（一）尽量直接引述受访者；（二）尽量减少采访式的介入，告诉读者去思索什么；（三）容许离题的自由，突然转换话题；（四）避免"情节安排"和不自然的结构设计，强加上一个虚伪的线性叙述，但事实上并不存在着这种线性叙述；（五）避免"强烈与煽情"，这被视为在尝试向商业出版社兜售报道时所必需，因其首要的存在理由坦白说就是营利的动机。此外，这些访谈固然有客观与学术的面向，但绝不只是"为研究而研究"或象牙塔内的产物，而是来自特定的时空、脉络与关怀，借用曾经三度访谈的萨义德（Edward W. Said, 1935-2003）的用语，其中具有一定的

"现世性"(worldliness)，希望华文世界的读者能找到相应或启发之处。

本书出版首先要感谢多位受访者的热心与耐心，接受邀请，坦诚响应，悉心修订。其次要感谢刊登与转载这些访谈的期刊与专书的相关人士。我也要感谢"中央研究院"欧美研究所提供的优良环境，让我多年优游学海，广结同好，相互切磋，分享心得，尤其是与李有成先生、冯品佳女士和王智明先生的交流与合作。感谢香港岭南大学的邀访，让我有机会进一步了解华人文化的另一个重要场域，扩大学术视野，增广见闻，尤其是刘绍铭先生、郑树森先生、陈清侨先生和陈德鸿先生的支持与协助。

这些访谈录音大都由黄碧仪小姐誊打，除了李欧梵教授的访谈未曾刊登之外，其他在刊登前都经受访者修订，由我和黄碧仪小姐、陈雪美小姐校对，补充资料。书稿交出前由我和黄小姐数度修订，有些原本没有小标题的访谈也增加了小标，以利读者阅读，在此一并致谢。全书经多次校对，务期以最佳面貌呈现给华文世界的读者。若有遗漏或不尽理想之处，纯为我个人之失，尚祈读者不吝指教。

感谢允晨文化廖志峰发行人继《与智者为伍》之后，再度出版本书，并列入"当代名家系列"，让这些名家分享他们的多年经验与宝贵心得，借以接通学院与社会。虽然文学式微之说传闻已久，但我深信"有人即有文""有文学即有人文"，而身为"学者"的我就是"终身学习者"，借由访谈自我精进，并成为联结受访者与读者的桥梁，希望彼此各获其益，缔造多赢的局面。

再次感谢受访者与编辑，让我能以中间人／中介者的角色出现，以访谈结缘。其实，访谈就是扣问与回响，大扣则大鸣，中扣则中鸣，小扣则小鸣，进而引发读者的不同回响，期盼能声声相连，缘缘相续，引发更多的扣问与回响。

二〇一四年七月至八月
台北南港—加州柏克莱
二〇一六年三月修订
台北南港

创作篇

受访者王文兴。（陈先治摄影，文讯杂志社提供）

文学与宗教

王文兴访谈录

主访人：单德兴

二〇一〇年一月十一日　台湾大学明达馆

前　言

　　王文兴对小说创作的坚持与独特的文艺观，已使他成为传奇人物。他从早年起便探讨命运的问题，手记中有不少宗教感思，一九八五年领洗成为天主教徒，之后更深思探索。一九八六年辅仁大学举办第一届文学与宗教国际研讨会，讨论的主题作家除了英国的葛林（Graham Greene, 1904-1991）和日本的远藤周作（1923-1996）之外，就是王文兴。一九九〇年出版的《王文兴的心灵世界》（康来新编）多方呈现了他的精神世界与文艺观感，但那已是二十年前的事了。二〇〇九年十一月四日在《家变六讲》新书发表会暨国家文艺奖获奖祝贺会中（同时也是作家七十寿庆），我应王老师之邀参加，以“自家现身自说法，欲将金针度与人”形容他近年来积极推动文学阅读，深获其首肯。

　　我曾于一九八三年和二〇〇〇年与王老师就文学进行深度访谈，时隔十年，此次则着重于宗教与文学，更具体地说，就是身为佛教徒、学者与学生的我，访问身为天主教徒、作家与老师的王文兴。王老师很重视这次访谈，事先提供了一些中国宗教文学作品，“以资谈助”。他挑选的地点 Living One 餐厅之名，对我正象征了一位活生生的作家／天主教徒的现身说法。他以一贯的沉稳态度聆听每个问题，并以富有磁性的声音慢条斯理地回答，内容包括了个人信教经过，宗教观与宗教体验，文学与宗教的关系，中西宗教文学例证，宗教之间的关系……前后将近两小时，直到接近晚餐时分，天色已暗，人声逐渐嘈杂才结束。访谈录音由朱瑞婷小姐誊打，经王老师本人修订。

家族背景与个人宗教抉择

单德兴（以下简称"单"）：能否请你从家庭的宗教背景谈起？

王文兴（以下简称"王"）：据我所知，我的祖父没有宗教信仰，我的父亲没有宗教信仰，甚至于他跟五四运动的一些人一样，是怀疑宗教的。我的母亲有宗教信仰，信奉的是观世音菩萨，但我不知道那算不算佛教，因为她所拜的佛像只有观世音菩萨，没有任何其他的菩萨。

单：夫人陈竺筠老师呢？

王：她还没有宗教信仰。她跟我父亲一样，对于宗教一直抱着犹疑、不确定的看法，但她正在尝试接近宗教。我们家族里只有大伯父有很深的宗教信仰，是中年以后才开始的，他的行为使得我们家族里的人都感觉莫名其妙，也不好问他为何如此，但他后来是绝对虔诚的基督教徒。这是我们家信仰的大概。

单：你在一九八五年复活节领洗，那年是四十六岁，距今二十五年。在复活节受洗是蛮有象征意味的，请问你当时是在什么主观、客观情境下领洗的？为什么是天主教？

王：在复活节领洗是因为教会的规定，只有在复活节或圣诞节才能够领洗。事实上我在复活节之前就有了这样的决定，跟教会已经有了这样的联系。但是在此之前我为这个问题犹豫、考虑了好多年，还是决定不下来要不要走入教会，一直在原地踏步。直到看到了齐克果（Soren Kierkegaard, 1813-1855）的一句话，他说，宗教必须是跳一步（leap of faith，信仰的跃进），必须是一个大跃进才行。这句话给我一个启发：如果你不勇往直前，那就一直原地踏步；但是如果你胆敢跳一步的话，事情就简单了。我的意思是说，先跳下水，然后再去学游泳。

我就想也用这个方法，否则再等下去可能三十年、四十年都是原地踏步。结果这个方法真是很有效。假如我原地踏步的话，不但现在还不领洗，也不可能了解宗教的全貌，因为这是一个大得不得了的课题。如果我要等到了解全貌的那一天才来信教，这根本办不到。所以跳一步是有必要的。那么跳一步呢，就会……可以说若有神助。若有神助的原因不是因为对宗教知性的了解就恍然大悟，而是属于感性的信仰方面。跳一步的最大收获就是这一步下去，如同刚才的比方，是跳到水里再去学游泳；换一个比方，就是把植物的根种下去，而它生长之快是起初没有料想到的。这个生长不是知性的，而是感性的生长，让你一天一天感觉宗教是重要的，是唯一可依赖的，世界上的其他事都是依赖于此。这就好像是人与人的感情一样，你对一个好朋友的感情、信赖，要说理论嘛，十本书也说不完。但是一旦觉得信赖他，就会一切交给他，什么忙都愿意帮，就是类似这样的一种情感。

单：你在正式接受信仰之前也看过帕斯卡尔（Blaise Pascal, 1623-1662）和路益师（C. S. Lewis, 1898-1963）等人的书，对身为高级知识分子的你而言，这比较是知性的准备吗？

王：的确是。这些宗教、哲学的著作对我具有很大的吸引力，应该说，对我来说是最好的读物，因为这个缘故让我开始尊敬宗教。我不敢说是因为这样使我走上信仰的道路，却是让我开始尊敬，否则我可能会和五四运动的某些人一样，具有一种可笑的高傲、傲慢，也就是对于不了解的事物冷嘲热讽一番，然后拒绝参与、拒绝了解。我不否认，这是我年轻时一度有过的现象。老实讲，在我念大学的时候，一些神父、修女的师资也有不错的，可是一想到他们的身份，我尽管带有一种赞许的态度，却使我敬而远之。所以我开始尊敬宗教，是因为阅读这些神学著作。产生尊敬当然很重要，因为心里就会想，那我也可以试试看，尝试模仿、学一学啊！这种尊敬除了来自神学著作以外，还有很多是天主教小说家的引导，像是葛林和莫里亚克（François Mauriac，1885-1970）。我也常想，这两个能力这么高的人，何至于去信仰一个"愚夫愚妇"的教派，其中必然有它的解释。这种好奇感也让我开始愿意去探索这条宗教的路。因此，神学的著作以外，宗教小说家也是使我开始尊敬宗教的一个引导。

单：你刚刚提到"一些神父、修女"，你在文章中也提到过张志宏神父、王敬弘神父。我想有不少人是因为接触到宗教人士，佩服他们而连带尊敬他们的信仰，进一步接触乃至于接受宗教。不晓得那时候有没有因为与宗教人士的接触而给你带来一些启发或感动？

王：张神父是一位爱尔兰神父，我跟他的往来比较多，但是从来没有谈过宗教的问题。我喜欢这个人纯粹是他的个性、人格使然，他是个很仁慈、正直的人，他是第一个我喜欢往来的天主教人士。第二位王敬弘神父是一个中国人，跟我有点同学之谊（他是师大附中高我三、四届的学长），又是我一个好朋友的小舅子，本来就有一点往来。我与他并没有宗教上的讨论，而是喜欢他的温厚。倒是我想要领洗的时候，第一个便是跟王神父提出的。他很支持，就安排我的领洗，领洗包含了很多宗教的仪式，此外，在很多超现实的经验上他也帮了我一些忙。但是世界上的事就是这么神秘，几年后他就去世了。

单：那很年轻呢！

王：他很年轻就去世了，去世之前动了大概六次手术，都没有成功。这件事情有没有打击到我、使我对宗教信仰有所怀疑呢？完全没有。我把这个遗憾归入于神秘，归入于人神、天人的神秘上去解释。换句话说，这个神秘是我不知道的，我不能妄下断语，为什么这么好的一个人，居然这么早就被收回去了？他的去世非但没有打击到我，反而让我对宗教信仰采取一种更 resigned（顺服）的态度。他的一生长短是由神来决定的，而我也了解我个人的一生，不论是成长、长短，一样是由神来决定。这是我从他的一生、他的死亡里面得来的结论。

宗教作家的三种良知

单：你身为个体，又是作家，又是天主教徒。你曾经提到过三种良知，而且说你的艺术良知高于社会良知，宗教良知又高于艺术良知。能不能请你进一步说明这三种良知的层次？

王：把这三个都当做责任来看的话，简单地说，假如一天只剩两小时我可以自己支配，而这两小时的时间有三个要求：一个是宗教的要求，一个是艺术的要求，一个是社会的要求。那在我来看什么是优先的？假设今天是礼拜天，是要上教堂的，那我这两小时就先给教堂，一定先望弥撒。虽然这一天我也想读书，但文艺的要求只能排第二，可能这一整天都没时间读书。至于社会良知，说的是各种的社会责任。假如我这一天应该去参加个会议，像是政治性的会议，或者就算是有益于学生的一个聚会，那我也许就会把这个社会责任排在第三。

单：除了时间的分配，还有艺术方面，特别是文学和宗教的关系。有些作家原本表现不错，但在接受宗教信仰之后，可能因为非常虔诚，就文学的标准来看，对于呈现的主题或处理的方式形成限制、甚至妨碍，有种想要用文学来传教的感觉，影响到他的文学成就。不晓得对你来讲，文学与宗教要如何取舍？两者的关系是相辅相成，还是可能有相互排斥的现象？

王：到现在为止我还不觉得两者是有抵触的，文学的面貌很多，就算是一个作家百分之百只写宗教的题目、只写宗教文学，他等于还是选择了文学。文学里本来就有宗教文学，而且这一条路相当宽。不讲别的，譬如道家文学就宽得不得了，中国唐代以前恐怕都是道家文学。所以在选择题材上，这是不相抵触的。可是万一所写的内容是跟教会有抵触或者教会有意见的话，这时候就要有所选择了。万一遇到这种情形，我想我会让步，采用教会的标准。

单：这样对于多年来坚持文学创作的你，会不会很难选择？你会让得心甘情愿吗？

王：我想，到目前为止我还没有遇到过这么难的选择。如果有一天我要写的东西也许艺术上觉得有必要，但可能与宗教抵触，那么我想我的让步是乐意的。因为文学里的让步形式有很多，宗教让步只不过是其中之一而已。这怎么讲呢？比如说，最简单的，虽然小说只是一种虚构的立场，不代表我个人的立场，但我恐怕会多一层考虑，会避开攻击宗教或是毁谤教会的书写。这是不是比较接近你说的宗教和艺术的冲突？

单：是的，正是如此。

知识分子与宗教

单：关于知识分子与宗教之间的关系，佛教也有一种说法，就是知识分子的知识障比较重，不像一般人比较容易跨出第一步或者愿意冒险，总觉得要了解清楚之后才愿意跨出去，但很可能花了一辈子还不了解，而错过了一生的机会。你在文章中提到，选择跨出这一步，其实当下就能得到平静，甚至是将来一生的平静，这本身就是很大的收获。但是对有些知识分子来说，恐怕办不到，总觉得要在知性上有所了解，才能够坦然、甘心地接受。

王：这也是我本来想到这个访谈中也许会碰到的题目。我同意知识分子信教比较困难。但高知识的人也想了解，知性之上还有感性，更应追求。同时，知性的价值远不如信仰，如果他一旦信奉宗教，就一定这样看。知识有用与否，还可以这样看：比如说，今天有一个弱智的人，智商很低，什么也不会，但是一旦有了信仰以后，信仰却很强。相对地，另外一个是天才，信仰却很肤浅，怀疑很多，宗教热诚并不高。以宗教热情来讲，这个弱智者的程度高达九成，而这个天才也许只有五成。我们再拉高层次来看，神会比较喜欢、眷顾哪个人？谁的宗教分数比较高？无疑是这个弱智者。所以我是相信，在神的天地里，人的重要跟知识无关，而完全是在宗教热情上。

单：的确，像我的皈依师父圣严法师的角色之一是学问僧，他便提到，修行属于实践，和做学问以及知识的累积是不一样的。而他在赴日本留学的时候，他的师父东初老和尚特地提醒他要当"宗教家"，而不是"宗教学者"。另外，奉献牵涉到各个宗教所要面对的"自我"的问题，像是谦虚与傲慢等等。知识分子的社会地位通常比较高，累积的知识也比较多，因此很可能助长了他们的自我。但各个宗教基本上都强调"无我"，认为这是灵修与奉献的要点，个人知性的累积反而造成自我膨胀，形成所谓的知识障，与"无我"背道而驰。

王：所以佛教也是认为在修行上文字并不重要，反而可能是障碍，不落言诠可能更好。但是，神学在某方面还是很有用的，可以突破一些知识人的弱点，因为他们喜欢讨论，热衷于理论、学理、哲学，宗教可以由这一条路来突破、征服和感化。如果光看别人行为的改变你不感兴趣，那么也许一流的神学可以把你的兴趣提高，让你尊敬这一个宗教，这也算是第一步。所以神学是要保留给这一类的人。这一条路、这一扇门于一般人永远是关的，只开给少数的人。

单：确实如此。比方说，佛教讲"经、律、论"，"经"是佛陀的开示，"律"是佛陀制定的戒律，"论"就是理论，可以把一些道理分析得非常细密、透彻、有条有理。吊诡的是，禅宗主张不落言诠，但留下最多文字纪录的也是禅宗，而许多人，包括我自己在内，是透过禅宗的文字而逐渐进入和接受佛法的。

王：我想"不落言诠"的意思是……事实上它的哲学的意境还是知性，它是语言不能达到的那种知性，需要很高的知性。譬如净土宗，比较像我们刚才谈到的，只需要宗教热情，其他都可以不管，一生什么都不懂，只要念阿弥陀佛就可以了，这一点在我们天主教也相信，只要不断诵念神号就可以了，即使是一个白痴都没关系，这我也愈来愈相信。我们这个访谈，也许最终要谈的也是这一点：我可以扬弃所有哲理的追求，都当做次要的，所有这些都不如一句佛号、一句神号那样重要。

单：确实如此。其实，这可分两方面来谈，既有所谓的"不立文字"，但也"不离文字"，因为毕竟思考、理解、沟通、说明都必须使用文字。另外像净土宗主张念佛，《阿弥陀经》里面讲念佛念到一心不乱，其实那已是极高的禅定。当然，也许有人会进一步讨论，这是自力还是他力……

王：自力是他力的基础，各个宗教都一样，你要有一个开始。你消极地走上正路，就减少了世界上多少的错误，少做了多少的孽，那你在消极面所做的就已经是积极了。换句话说，先减少自己做的一些错事，misdeeds，先从自身做起，儒家也说修身必先正己。

单：现在的科学已经印证了身心是相互影响的，套用比较通俗的说法，宗教可说是兼顾身、心、灵的疗法。

王：虽然我知道的很有限，但现在心理学也渐渐走上神秘主义这条路了，希望解开这个结，不说别的，荣格（Carl Jung, 1875-1961）的心理学其实不是心理学，根本就是神秘主义的宗教。他的梦、他的解梦都跟神秘主义有关。他所举的自己人生中重要的几个梦，都是正确得不得了的预言。以他这样一位医生，而且是位科学家，他都觉得莫名其妙，不知如何是好。

单：你先前提到神的旨意是人无法知道的。多年前我曾聆听你与周联华牧师有关宗教的对谈，他也提到神的旨意是神秘，mystery。佛家讲究因果，比较常用的说法是"因缘不可思议"，有些事情就推到"三世因果"，因为在现世你无法知道或解释，但就算推到三世恐怕一般人也很难印证，会觉得它是神秘。

王：我个人不是往前推，而是往后推，往后推问题就解决了。如果后边有个永生，这些前世、今生的重要性就差很远了。你说神对王神父不公平，他可能还有三十年好活。但你要是知道有永生的话，就觉得无所谓了。一个只活一天的小孩和一个活到八九十岁的老人比起来并没有吃亏，他活一天等于到世间游览一天，然后去别的地方，后面的时间还长得很。那你在世界上游览了八九十年，再到后面去，如果后面是无限的，前面的长短也就无所谓了，长短的意义又何在? 如果要打分数的话，绝不是九十年的人生分数就高于只一天的人生分数，说不定给一个婴孩只活一天是一种恩惠，favor，这一天活得很纯洁，分数更高。谁知道?

目前写作计划

单：以世俗的观点来看，大家都很崇敬你作为一位作家，或作为一位教授、文学教育者，像去年你更荣获很多人梦寐以求的"国家文艺奖"。另一方面，你在手记中提到，人的目的是追求完成，包括天主教徒那种完成。若以你个人来说，即使世俗的成就如此卓越，你觉得自己如今"完成"了多少?

王：我所谓的"追求完成"是指悬在未来的目标，非指已经完成的业绩。目前最重要的追求就是我正在写的这本书，我是全心全意地希望把它写完，假如有一天能看见自己把它写完，那就回答了你的问题，就是我，大概会觉得满意，而且这个满意恐怕是我这一生唯一的满意，因为其他的一切都无所谓，就算有社会的认可或者其他种种认同，谁都知道那是虚幻，illusion，因为本身的价值需要更长久的时空才能判断，一时的贬誉是不可靠的。

单：请问这本书是长篇小说吗? 能否稍微透露大致的内容?

王：是长篇小说，可以界定为宗教小说，我迟延了很久，最终采取了学校生活作背景。我长久以来就想写大学生活，可是不敢动笔——之所以不敢动笔是因为和我的生活太接近了，人就在里边，要写什么总希望有个距离才好，到最后我决定采用这一块版图，所以一方面是宗教小说，一方面则是大学校园生活。

单：你整个文学创作量少而质精，在这些作品中现在这一部比较能够定义是宗教小说？

王：当然这也不是传道文，不是明白的说教，而是基于一个有神的观念来写，大致上表达的是人生是掌握在神的手里，所以只能算是广义的宗教小说，乃至于又回到希腊的宗教上去，恐怕看不出来是基督教的宗教小说。

宗教作家与中国宗教文学举隅

单：你以往的小说有些触及人与命运的关系，所以早在一九八六年辅仁大学举办的第一届文学与宗教国际研讨会，就集中讨论葛林、远藤周作和你这三位信奉天主教的作家的作品，但你是不是认为自己现在写的这本小说才比较是宗教文学？而你会接受自己是宗教文学作家这个头衔吗？

王：我不晓得自己是否可以接受这个称呼，原因就是，虽然我一直对人与命运的关系都有兴趣，可是对于神的肯定，以往还不很清楚。也就是说，以往我遇到神的问题时都是打问号，甚至可能是否定，虽然长年在写作里都认定神的力量远远高过渺小的个人，但是恐怕向来没有认为神对人来讲是个肯定的（affirmative）救星，仁慈的（benevolent）存在，是可以帮助人的。要到了现在这一本，才肯定了宗教，认为神是一个仁慈的、肯定的存在。一路的看来，我不知道可不可以算是宗教作家。

单：你认为一位好的宗教作家应该符合哪些条件？

王：我不愿意以狭义的范围来看宗教作家，我一直认为只要认识到神的仁慈存在的，就可以算是宗教作家，但还要文学和宗教相辅相成。对于中国长时期以来的佛道文学，我都相当的重视，也不只是重视它们的宗教层面，我认为许多根本就是一流的艺术品，只可惜是无名的。比如大家不重视的吕洞宾，我就非常重视，我不是因为他是道士才重视他的文学，而是认为他的诗以文学的角度来看写得很好。我搜集了很多历代道士在街上唱的歌谣，都相当好。

单：是否请你谈谈吕洞宾的作品或你为这次访谈所准备的一些宗教文学作品？

王：好的，我带来的这些作品毕竟还是从文学的角度来选择的，而且多半是从世俗文学的角度，就是人人都公认文学水平很高的。我刚才和你提到道士口头念的诗词，乃至他们唱的"莲花落"这一类，其中的佳作不知道有多少。佛教有个纯粹传教的文体叫做"偈"。还有一种比"偈"还要通俗的，通常有五、六十句，用"歌"的名字来称呼，很多都非常好，不能小看它。我要特别提到的，首先是宋朝苏东坡有一首著名的禅诗《赠东林常总长老》："溪声便是广长舌，山色岂非清净身，夜来八万四千偈，他日如何举示人。"这算是作者有名有姓的诗。其他有许多无名的，像中国名山古寺的对联这一种。我们看五台山古佛寺这两副对联："子会开天，丑会辟地，足见未有天地，先有古佛。其次造物，又次造生，可知尚无物人，不无灵光。"① "开天辟地，旷劫主宰。收原结果，万世真神。"这里讲的重点都是 Supreme Being，这一种在基督教就是上帝，在五台山古佛寺来讲就是古佛。此处所称的古佛应该是真身的佛，不是转世的，因为转世则有许多不同的分身。我觉得很惊讶的就是，这两副对联讲的佛都是创世主。而我以往所读到的有些讨论，说佛教最大的不同是没有创世主的概念，认为创世的概念是基督教的。但这两副都是讲的创世主。

第一副对联说："子会开天，丑会辟地，足见未有天地，先有古佛。其次造物，又次造生，可知尚无物人，不无灵光。"这和《圣经·创世纪》讲的一模一样。在第一个时刻创造天，第二个时刻创造地，"足见未有天地，先有古佛"则表示这个创世主站在天地之外创造天地，他自己比天地更早、更古老。古佛创造完天地，"其次造物，又次造生"，也就是古佛接下来造物体，所谓物体就是星辰、山河，等等，第四是"造生"，创造生命，在《圣经》里就是先造花草、动物，再造亚当、夏娃。"可知尚无物人，不无灵光"指的是可以知道古佛在先，在还没有天、地、日、月、星、河、人、物之前，已经存在着灵光，这个光也许是指古佛的光。而《圣经》里也讲，上帝造天地的第一步是先有光，跟这首诗中创造的顺序几乎一样。

下一副也是五台山的，"开天辟地，旷劫主宰。收原结

---

① 有关"子会"和"丑会"的解释，参阅清心之《五台山寺庙楹联牌匾选注》："一元即一个天道循环的周期，一元十二会，一会三十运，一运十二世，一世三十岁……。依此，一会即一万零八百年。一元的十二会以十二地支纪录，即为子会、丑会、寅会……"（《五台山研究》，1986 年 6 期，第31页）。

果，万世真神"。谁是古佛？换句话说，谁是上帝？是那个开天辟地的造世主（Creator）吧！他是旷世的主宰，古今天地唯一的主宰（Master），管辖所有的一切。第二句中的"收原结果"证明他是决定世上所有因果关系的神。任何人做什么事情都是原因，这个原因祂知道了以后给你一个果，不论是善果、恶果都是你做的，自己要负责——你自己是原，所以结的是你自己的果。谁来管这件事？古佛在管，天上的神在管，永远由"万世真神"在管。这两副对联和基督教是没有抵触的，都符合解释"神"（"Theo"）的本性、本质。所以从这两副对联可以看出各宗教基本上神的观念，神是同一个神。

下面看宗教文学另一个例子。开元寺铁佛殿前柱子两侧刻有明末举人曾异所撰的楹联："古佛由来皆铁汉，凡夫但说是金身。"古佛不止一个佛身，有好多分身、好几世，今天是释迦，明天又是弥勒。一般人都会把他的身形塑成金身，但是曾异认为这是俗世的价值，凡夫的观念，其实更重要的是这些得道的神有更高的层次，可以抵抗人生所有的欲望，是个真正的像铁一样的英雄。

接下来看苏东坡的《髑髅赞》："黄沙枯髑髅，本是桃李面。而今不忍看，当时恨不见。业风相鼓转，巧色美倩盼。无师无眼禅，看便成一片。"刚才已讲过神的概念，现在是苏东坡讲的话。这里宗教上 Theo（神）的成分并不高，说的是一般的生死问题，这些都是从研究死亡来的。苏东坡这首诗便如此，他是定神、定眼地面看死亡，直看死亡。那么他就看出了人生的短暂，人生的表象的虚无。他先看到这堆沙里头有个枯干的骷髅头，就想到这个人活着的时候大概是个美人，漂亮得不得了。而今人不愿看也不敢看，因为变得又丑又恐怖。可是当年谁都巴不得多看她一眼。第三句"业风相鼓转"有一点宗教味，诗人觉得她当年的好看，是因为她的"业风"（《大乘义章》云："业力如风"）让她轮回到好看，所以是"巧色美倩盼"，美得不得。接下来的"无师无眼禅，看便成一片"是指道行高深的僧人来看这骷髅的感想。"无师"应该就是禅宗的一个态度，是靠自己的智慧想开通了悟的，不靠经文，不需别人指导，是纯粹靠自己的推想就可以得到禅智。"无眼禅"就是用心灵之眼，而不是用肉眼，来看这个世界，这样才能得到更高的智慧。由这样的一位高僧来看，骷髅头和桃李面了无差异，不必计较谁漂亮谁不漂亮。这不但解释佛教解释得很清楚，也把所有的宗教解释得很清楚了。这首诗真的写得又简单又好，让我们把很多世间的表象都看穿了，领悟到表象只是一种假象，illusion。

　　苏东坡的诗也跟着滋生了宗杲禅师的《半面女髑髅赞》："十分春色，谁人不爱。视此三分，可以为戒。"这里讲的跟苏东坡的是同一件事。但宗杲看到的骷髅比先前的还难看，先前还是个完整的骷髅，这里的却是脸只剩下一半的骷髅。他讲同一件事，但写得更简单、更直接。"十分春色，谁人不爱"——当年活着的时候，完美的美人谁人不爱。"视此三分，可以为戒"中的"戒"应该念古音，读"盖"，闽南语也是念"盖"，和"爱"押韵。现在我们多半念错了，所以读诗一定要念古音。我常常跟人讲，读音如果恢复到古音，可以救回来百分之五十的诗词，有一半我们不喜读的诗词现在都可以喜欢了，因为音对了，都正确好听了。他说，美人生前，人人都爱，但"视此三分"，也就是现在这个半面髑髅大概十分去掉了七分，看到的是剩下来的三分，应当引以为戒，当做教训。

像这两首"髑髅赞"，若是放在英国文学里，是绝对站得住脚的，文字这么简单，道理却又深又明白。像英国重要的浪漫主义诗人布莱克（William Blake, 1757-1827），无非也是这种宗教文学，简单有力，言词浅白，道理深刻。前面那些对联放到唐诗里都站得住脚，只不过我们不知道是谁写的。那些人可能因为宗教信仰很高，很谦虚，所以不愿意留名。我想也许名利到了一定程度时，能够进一步去名的话，在宗教上的境界更高。这些人之所以无名，可能性很多，第一种可能是他们自己不具名，第二种可能则是历代传来传去名字传掉了。在中国很多寺庙里，你会发现天南地北两个庙挂的是相同一副楹联，都不署名，那你就不知道谁抄谁，也许抄的人不方便写上原来的名字，所以把它去掉了，结果变成佚名。这些联语或者是借用、或者是偷用，而借或偷义是借最好的、偷最好的，结果最好的反而没名字。这些讲"空"、讲"相"的，以佛教最明显，也讲得最好，但是所有宗教基本上也是这么讲。像《圣经》里面讲 "Vanity of vanity; all is vanity"（"虚空的虚空，凡事都是虚空"），基本上也是在讲"虚空"的概念，讲"空"。

单：你一方面从思想、内容或是神学方面，看出所有宗教谈的是相同的事，另一方面在文学表现上也是相同的。

王：西方的宗教文学也是宗教加文学，两者都不偏废。但是英国文学也不免有这个现象，有时把宗教文学排除在文学史之外，譬如教会里的许多圣歌、圣咏（hymns），很多都还是有名有姓的文学家写的，有些写得非常好，可是不被列入一般的文学史，那就有点像刚才我举的这些对联。

解经与文学批评

单：你曾说过，不管祷告或读经，都是一字一停、一字一想，这种方式或技巧跟文学的精读、细读相较，是不是更精微细密？

王：我想应该是没有两样，因为文学包罗万象。首先，文学有哲理的部分，而哲理的部分是要慢读的。我想，如果宗教的阅读基本上跟文学的阅读在我个人有相近的地方，那就是两者在哲理上的文字，我的读法都是相同的。此外，文学除了哲理的段落之外，也有非哲理的，像是关于人物描写、结构布局、情节设计，等等。那么这种非哲理部分的细读、慢读，是不是也可以出现在宗教非哲理部分的阅读上？果然也有。像是《圣经》新旧约故事，都可以用读文学之中非哲理部分的慢读法来阅读，其结果所得跟非慢读完全不同，是大有益处的。比如说，我长久以来，只肯同意《旧约》是一流的文学作品，因为我用慢读法读《旧约》，各方面都满意，不只是哲理、哲学方面，文学艺术方面也都满意。但是我领洗后的几十年，都不能认可《新约》的文学价值，直到最近才开始认识它的价值。而这也是一样用慢读的方法读《新约》，才知道它不仅在哲学上非常的深刻，乃至于文学上的价值也很高。换句话说，《新约》中人物的性格描写、故事情节的安排、结构布局，都有相当高的艺术价值。

单：你在宗教手记里也提到，《圣经》的文学价值甚高，你举的例子之一就是《马太福音》中描写耶稣的种种。另外，你也提到其实读经、解经就像文学批评。

王：的确。我们有文学批评，那应该也有哲学批评，但没有人这么说。所谓批评原则就是了解，understanding literature（理解文学），这就等于 literary criticism（文学批评），那我们也需要 understanding philosophy（理解哲学），但没有人讲 philosophical criticism（哲学批评）。我们只知道有 philosophical interpretation（哲学诠释），但是我们也知道所有诠释就是批评（criticism）。那么有没有 interpretive criticism（诠释批评）呢？应该有这种说法。就像文学理论里面所谓的"诠释学"（hermeneutics），这个词原先是指解经，有些人翻成"解经学"，这就是从解经来的词。

单：是。有些人解读、诠释佛经时，把全经的结构用一个大图表来呈现。

王：噢！那很高明，有人这样读经啊！

单：有，而且画出很大、很详尽的图表。

王：从结构来读，这就是文学批评，就是讨论它的艺术价值。这是在近代还是古代？

单：很早就有这样的读法，所以就发觉佛经在结构和用字都很严谨，前后呼应。

王：你说连词汇都有结构、有组织、前呼后应？

单：是的。

王：那了不起，那了不起。因为经文是翻译的，有很多译者是外来的法师，不是本国人。所以我从前读佛经碰到难解的时候，往往会推罪给翻译的人，觉得是他们的中文能力不够。不过，经过你这么讲，那又是神奇了！因为词汇前后呼应是相当复杂而且相当高深的文学，一个外来的法师，如果在一个翻译的语言上都能做到连词汇都前呼后应的话，那是神奇。

单：所以有时看以往那种细读佛经的方式，将全经结构仔细分析，绘制成图表，就深感佩服。

王：那就要有宗教的热忱才行。那要面壁十年、二十年，不停地读，才能有这个领悟。

单：的确是，一直读、一直读，百遍千遍，深入了解与领悟。从你刚刚所说的，是不是表示基督宗教之所以在中国流传不广，是因为在翻译上不是那么称职，还是……

王：我稍微要修正。以前我是有这个怀疑，可是后来想，佛教也有这问题。严格说来，佛教的语言也不是很正统的中文，但何以能够愈传愈好？为什么我们在语言的障碍之下仍可以看出佛经的深奥来？为何基督教不可能？尤其是《新约》？从前我都归罪于翻译得不够汉化，但是今天我要修正，我想不是翻译的问题，而是个人了解上的问题。这些都可以拿《新约》来做例子，初读时觉得太容易，各方面难以理喻，但这是个假象，我也是后来渐渐才知道，《新约》看起来太浅、难以理喻，其实这里头是有大道理在的。

要看得出这一面恐怕也不容易，有时候乃至于我坐在教堂里，我都觉得是突然之间了解了经文，难道这不是个奇迹吗？有时候我自己半夜细读，也没有读出领悟来，为什么当时坐在弥撒的仪式里就能有所领悟？所以后来我就渐渐不会归咎于翻译的问题，因为未必是翻译者的文学能力不够，而是我刚才说的，关于神秘主义，是关乎加持的启发。我还是用"加持"这个字眼，因为这是外力，这是天上来的启发。

单：你对于《新约》跟《旧约》的看法有些特别，一般人可能觉得《旧约》里的故事比较不合理，难以接受，所以基督教反而比较强调《新约》，认为《新约》比较符合人世间的现象，比较容易接受。

王：那也不尽然。基督教有些派别只重视《新约》，而不重视《旧约》，那是因为《旧约》眼界更高，连人世的罪恶、黑暗都写进去了。因此有些派别考虑到这样会不会有反效果？它宁可要只是劝善、单方面的经典，不希望善恶兼蓄的经典，就只要《新约》。我们可以讲：《旧约》是善恶兼蓄的经典。

单：如果善恶兼蓄，对信徒的信心、信仰会不会是更大的考验？

王：应该这样讲，如果说《圣经》有教育功能的话，《旧约》这种善恶兼蓄的经文，不适合小学程度的人，因为你很难跟他说清楚，中学程度也不见得适合。很多罪恶的描写跟人生的个人经验是相符合的，当你人生有一点经验之后，拥有更高的判断能力时，才能够从罪恶的描写中有所领悟，才发觉它所描写的罪恶恐怕就是在写自己。

单：的确。随着人生的经验愈多，或者与信仰接触、灵修得愈多，即使重读同一部经典，体认与领会也会愈多。

王：对，一种可能是阅读经验的增加，再来我也不排除有加持的恩典在。

单：就我所知，"加持"这个字眼比较是用于佛教，特别是密宗。

王：对，我觉得这个字眼的意思是，需要有外来的恩惠给你这样的一个礼物。我是借用的，因为觉得这个字眼是很精确的。

附录：王文兴著作与编著目录（仅注明初版）

长篇小说
1973 《家变》，台北：环宇出版社。
1981 《背海的人》（上），台北：洪范书店。
1999 《背海的人》（下），台北：洪范书店。

短篇小说
1967 《龙天楼》，台北：文星书店。
1970 《玩具手枪》，台北：志文出版社。
1979 《十五篇小说》，台北：洪范书店。

散文
1988 《书和影》，台北：联合文学。
2003 《星雨楼随想》，台北：洪范书店。

评论
2002 《小说墨余》，台北：洪范书店。

专书
2009 《家变六讲：写作过程回顾》，台北：麦田出版。
2010 《王文兴手稿集：〈家变〉与〈背海的人〉》，台北：台大图书馆、台大出版中心、行人文化实验室联合出版。
2011 《玩具屋九讲》，台北：麦田出版。
2013 《原来数学和诗歌一样优美：王文兴新世纪读本》（康来新编），台北：台大出版中心。

编著

1962　与白先勇合编，《现代小说选》，台北：现代文学杂志社。

1968　《新刻的石像：〈现代文学〉小说选第一集》，台北：仙人掌。

哈金与主访人摄於访谈现场台北美国文化中心。（单
德兴提供）

美国·自由·生活

哈金访谈录

主访人：单德兴

二〇一二年二月五日　台北美国文化中心

前　　言

　　哈金于二〇一二年二月来台参加台北国际书展，行程颇为紧凑，其中之一就是美国在台协会正在筹划十月的"华裔移民对美国贡献特展"（"Immigrants Building America"），"希望呈现对美国近代历史、政治、经济、文化各方面有影响力的卓越华人群像"，邀请我针对"当代英美文坛最具影响力与最受瞩目的华人作家"哈金进行访谈，现场录像，其中片段将在特展中播放。为了配合特展，访谈以中文进行，有台北美国文化中心的人员在场，内容以哈金的美国印象与经验为主，其中涉及"美国梦"，这也正是他近年有关美国华人社群的长篇小说《自由生活》（*A Free Life*, 2008）与短篇小说集《落地》（*A Good Fall*, 2009）的主题。访谈全程约四十分钟，但出现在特展影片中只有短短几分钟，因此由黄碧仪小姐把当天我个人的完整录音档整理出来，经哈金本人修订。

从留学到定居，以英文创作

　　单德兴（以下简称"单"）：你在中国长大，开始时大概会对美国有一些负面的刻板印象。后来你学英美文学，甚至到美国攻读博士，对美国的印象和年少时有什么不同？

哈金（以下简称"哈"）：去美国之前，在中国当研究生的时候，我基本上是跟美国教授学美国文学，读福克纳（William Faulkner, 1897–1962）、海明威（Ernest Hemingway, 1899–1961）这些作家的作品，是从书本上阅读美国文学与文化。因此，真正到了美国以后，文化上并没有什么震撼，但是对美国的自然环境，特别是景观、地貌，感觉特别不一样。比方说，我刚到的时候住在麻州查尔斯河（Charles River）河畔的研究生宿舍。有一次走到室外，看到地上有很大的蘑菇，还有松鼠，但都没有人捡拾或驱赶。有人钓到很大的鱼，但并不带回去，只是扔回河里。我心里纳闷："为什么是这么钓鱼的？"我也看到鹅和鸭子，到处都有小孩喂它们，没有人去抓。也就是说，美国的自然环境保护做得特别好，生气勃勃。我给朋友写信时就说，比较起来就觉得中国的土地几千年来支撑着这么些人口，好像很疲倦了。因此，美国在这方面给我的震撼比文化的震撼要强烈得多。

单：你当时是在波士顿附近的布兰戴斯大学（Brandeis University）攻读英美文学，是真正的科班出身。

哈：应该是吧，因为我在中国就是学英美文学，所以算是继续教育。当时到美国就是想拿到博士学位以后就回中国去。

单：另外，他们的民主政治，套用你的书名，他们的"自由生活"，是不是也让你印象深刻？

哈：的确。我逐渐接触美国之后，发觉在法律上政府和个人确实是平等的，这种民主法治的基本原则对我是很大的震撼。

单：后来你因故留在美国，并且选择以非母语的英文来从事文学创作，其实那段时期对你是很艰辛的，因为你拿到英美文学博士学位之后，又去念写作班。

哈：对。我跟我的导师说，我挺害怕的，因为我已经拿到博士学位了，却又去读硕士班。但没想到导师非常支持，他说："你应该这样做，一方面给自己一点时间，另一方面你以后会成为一位更好的作家。"我觉得我在美国读书的期间很有福气，导师们都非常好，以后有些成为我的朋友。比方说去波士顿大学，有一位我现在的同事，当时也是朋友，他就跟我说："你什么时候想来这里工作都可以！"我当时没有工作，他说："你来，我给你找个奖学金。"比我自己还有信心，我对自己反而没有信心。就这样很容易就去了。

良师的影响，从诗到小说

单：提到跟老师的关系，我记得你提过有一段时间有位老师跟你相约每个星期在哈佛方场（Harvard Square）见面讨论你的诗作。

哈：对，那是比达特（Frank Bidart），我们这样进行了大概五年，当时我写诗，我们每个星期见面讨论我的诗稿，每首诗应该怎么写，哪个地方应该改。另一位老师葛罗思曼（Allen Grossman）从修写作的第二年就专门为我一个人在夏天开一门课，读像萨义德（Edward W. Said）、费希（Stanley Fish）这些比较经典的文学批评。我非常幸运，这些老师对我真的很好。

单：我发现你写的几本书都献给这些老师。

哈：是的。

单：你刚刚提到的这几位老师，能不能简要谈谈他们分别对你的影响？

哈：葛罗思曼是在学术的观念方面影响我。他是诗人，也是优秀的学者，他使我对于文学的结构有比较牢固的掌握。我记得他要我读的第一本书是艾略特（T. S. Eliot, 1888–1965）的《文选》（*Selected Essays*），我从那本书确实学到了很多最基本的东西，特别是文学的规律、结构。我也通过他接触到读者反应理论和其他许多批评理论。另一方面，他鼓励我创作，特别强调对我来说，创意写作一定是第一位。因此，他一方面强调学术，另一方面也鼓励我创作。

另一个老师比达特喜欢读手稿，公认是编辑诗歌的高手。我跟他有很长一段时间一起改诗，细的一面是改字词，广的一面是改句子，我在这方面跟他学了很多。我没有真正上过诗歌写作班，而我的第一份工作是教诗歌写作班，基本上就是获益于他。还有一个老师艾普斯坦（Leslie Epstein）则是小说家，一些基本的小说方法都是从他那里开始学的。

单：你透过老师的介绍，在《巴黎评论》（*The Paris Review*）上发表第一首诗，这跟你的笔名也有关。你先写诗，后来又写小说。能不能稍微谈谈这些方面的事。

哈：当时比达特在教一个写作班，是给本科生开的课，我是研究生，不能修，但可以旁听。我只能隔周去旁听一次，因为我们系上的课跟他的写作班在时间上冲突。但是他仍然要求每个人交诗作，不能光听，还得参与。我就写了《死兵的独白》（"The Dead Soldier's Talk"），他非常喜欢那首诗，就打电话给《巴黎评论》的诗歌编辑葛雷西（Jonathan Galassi，后来担任美国 Farrar, Straus & Giroux 出版社的总裁及发行人），在电话上把诗读给葛雷西听，葛雷西当场就决定刊登。但是因为这首诗带有政治色彩，他们就考虑要用什么名字。比达特拿不准是不是应该用真名，就问我："你是不是要用个什么笔名？"当时我们是在停车场讨论这事，我说："那用 Ha Jin 怎么样？"他说听起来很好，也很精炼，就用这个吧。从那时起我就用这个笔名。①

一九八八年夏季我在工厂里担任看守，晚上和周末值班，比较安静，又有时间，就写了好多诗。葛罗思曼看了就说："很好，很好，你给比达特看看，他肯定愿意跟你一块做。"我就把自己的诗作拿给比达特看，他看了也非常兴奋，我们很快就把那些诗编成了诗集。我真的非常幸运，诗集完成之后，正好第二学期诗人夏毕洛（Alan Shapiro）从芝加哥大学来教书，他是芝加哥大学出版社"凤凰诗人系列"（Phoenix Poets Series）的编辑。他看了很喜欢，于是我的第一本诗集就这么顺利地被接受了。我根本不知道这是多么重要的一个开始，就没去朗读、打书，结果那本书没怎么卖。因为当时我要赶紧完成学位论文，回国教书，觉得英文写作只是一个插曲。在美国有个情况就是，第一本书卖不好的话，第二本书就没机会了。所以几年后我要出版第二本书就比较困难些。

单：你的第一本诗集是《沉默之间》（*Between Silences: A Voice from China*, 1990），书名的典故来自鲁迅。第二本诗集《面对阴影》（*Facing Shadows*, 1996）是不是跟你创作小说也有关联？

哈：对，应该是有关联，因为第一本诗集中描述了许多来

---

① 哈金先前接受笔者访谈时曾提到，之所以取这个笔名是因为"金"是他的本姓，"哈"则纪念他出生的城市哈尔滨，本名"金雪飞"则是因为他出生时大雪纷飞，而中文笔名"哈金"是从英文笔名翻译过来的。参阅笔者《与智者为伍：亚美文学与文化名家访谈录》（台北：允晨文化，2009），第21页。

自中国大陆的军旅生活经验，但这也跟我的老师比达特有关。比达特最好的朋友之一平斯基（Robert Pinsky，曾连任三届美国国会图书馆桂冠诗人），现在也是我的同事和朋友。当时平斯基跟他提过，很喜欢苏联短篇小说家巴别尔（Isaac Babel, 1894-1940），比达特也读过这位小说家的作品。比达特对我说，你要看看巴别尔这本《红色骑兵军》（Red Cavalry），对你肯定有好处。我看了这本书之后觉得特别喜欢，也意识到第一本诗集里面有些材料其实用散文或小说来处理效果会更好，而且我有些材料确实也还没用上，就觉得应该以那个传统来写个短篇小说集。于是我开始写，也因此非得学写小说不可，于是到波士顿大学旁听。

艾普斯坦后来愿意叫我去当研究生，就是因为我旁听了他一年的课，他觉得我能写东西。《好兵》（Ocean of Words: Army Stories）那本集子就是在那个情况下开始写的。巴别尔写小说的时候是一个随军记者，在报章杂志上发表一九二〇年苏波战争期间，目击布琼尼（Semyon Budyonny, 1883-1973）率领苏维埃红军第一骑兵军进攻波兰的战地报道和军旅故事，有篇幅的限制。虽然我一开始想写像他那样的故事，但写着写着就觉得我们俩的处境不一样，因为我没有篇幅的限制。所以我就开始读契诃夫（Anton Chekhov, 1860-1904），觉得契诃夫更亲切，但是巴别尔确实让我有了开始。总而言之，每个老师在我的写作上都有不同程度的介入。

《等待》得奖，美国梦分析

单：你在美国文坛真正出名是因为《等待》（Waiting）吗？

哈：那本书对我是个转折。其实，在那之前我出了五本书——两本诗集、两本短篇小说集，还有一本长篇小说《池塘》（*In the Pond*）——都是大学出版社或独立出版社出的。《等待》是我第一本由商业出版社出的书，称得上是个转折。

单：《等待》是一九九九年出版的，得到美国国家书奖（National Book Award）以及美国笔会的福克纳奖（PEN/Faulkner Award）。你相当晚才开始学英文，求学时到美国，后来选择用英文从事文学创作，能有这样的成就实在非常难得，因为这些奖项甚至对很多美国土生土长的作家来说都是终生梦寐以求的。

哈：但是我真的没料想到。以英文从事创作原先并不在我的生涯规划内。我记得很清楚，十月份时出版社的编辑打电话给我说："I have good news for you."（"给你报个好消息"）。我问："什么消息？"她说："你的书被提名 NBA 了。"我问她是 National Basketball Association（美国国家篮球协会）吗？因为我那时候常看乔登（Michael Jordon）打球。她在电话那头笑了，说是 National Book Award（美国国家书奖）。我说那个奖很难得到，心里真没当它是一回事。有一天有个同事在排易卜生（Henrik Ibsen, 1828–1906）的戏剧《人民公敌》（*An Enemy of the People*），我去看他们彩排，很晚才回家。回家一看，怎么这么多电话留言！还包括台湾的！我想这么多人打电话来，一定是很重要的事。从那时候我才多多少少感觉到这是件不同寻常的事情。

单：得奖对你的意义如何？

哈：其实就是给书一个新的生命。对我来说，这意味着机会，也意味着别人对我不同的期待，所以压力也就更大了。

单：你那时还在爱默里大学（Emory University）教书吗？

哈：是。

单：跟你拿 tenure（终身教职）有关吗？

哈：我是在得到美国国家书奖之前几个月拿到终身教职的。但我的终身教职其实也跟得奖有关，因为《好兵》得到了美国笔会的海明威奖（PEN/Hemingway Award），《光天化日》（*Under the Red Flag*）得到了欧康纳短篇小说奖（Flannery O'Connor Award for Short Fiction），这两个奖帮我拿到了终身教职。在美国的教书生涯中这是重要的关卡，在这之前你就得拼命地干活，给人做孙子（两人笑）。

单：得到这些奖对你后来回波士顿大学以及教书生涯有没有帮助？

哈：美国国家书奖确实为我把很多路都打开了。波士顿大学很多我过去的老师知道我是什么样的人，都信任我，我就只是去跟教务长见面谈谈，他们就给了我一份工作。整个过程很简单。得奖确实有很大的帮助。

单：你先前在爱默里大学申请教职，是从几百位应征者中脱颖而出的，很不容易。

哈：我第一份工作是在爱默里大学教诗歌写作，当时大概有两百四五十个来自世界各地的人应征，其中有一位已经出了六本书，是很有名的诗人。但我想我能申请到这份工作，一个原因是我有博士学位——很多诗人没有博士学位，而学术界的人都喜欢选个跟他们一样有学术经历的应征者。另一个原因是我也出了一本诗集，而且是由芝加哥大学出版社出的，虽然没怎么卖，但评价还不错。再来一个很重要的原因是，我的那些导师都写了很好的推荐信。当然更重要的是运气，我在整个求职过程中没出什么差错。我和朋友们都没想到我能得到这份工作。

单：你在美国拿到博士学位，定居，在大学任教，从事文学创作，并且得到许多重要的文学奖项——你会把这些视为某种版本的、或某种程度的美国梦的实现吗？

哈：（笑）我并不觉得是美国梦的实现。美国梦其实因人而异，不能说哪个人的经历就成了美国梦的样本。我很喜欢美国的一个原因是，她能够给不同的人提供机会，各式各样的人都能生存，这我觉得很了不起。

单：一方面你自认从美国社会得到很多；另一方面，其实你也加入美国社会，加入美国文坛，也有自己的贡献。

哈：（笑）我不觉得我有什么贡献。但是我有一些读者是在美国学习写作的，他们认真读我的作品，特别是《新郎》（*The Bridegroom*）那部短篇小说集，因为我收到的一些信中有人说自己在写作时不断地读那本书。因此，可能有一些年轻作家把我一些短篇小说集当做样本。

单：他们有没有提到《新郎》特别在哪方面对他们有影响？

哈：对他们来说是帮助他们知道先怎样创造出一些故事，然后再把不同的故事组成一本书。

单：你看到对于《等待》的一些评论时，有什么感觉？

哈：《等待》一出版时有几个坏的评论，（笑）之后美国知名女作家普罗斯（Francine Prose）在《纽约时报》上发表了一篇非常好的评论，那个评论给了那本书巨大的帮助。当时我还真的是个 obscure writer（默默无闻的作家），我记得很清楚，我们拿了一百本刚出版的《等待》给书商，送都送不完，让我觉得非常难为情。而真正让这本书转变的就是成为美国国家书奖的候选作品。从那时候开始，这本书的命运就不一样了。这本书是九月份出版，十月份就成为候选作品。但是台湾的时报出版社是有眼光的，在英文版出版之前几个月就买下了中文翻译版权，当时我觉得很吃惊，因为好像是不着边际的事情。

写作的坚持，教书的重要

单：作为一位小说家、作家，你的每一本书都尝试使用不同的手法，处理不同的题材。

哈：应该这样，因为每本书都是新的开始，每个故事有它不同的要求。我觉得作为一位作家必须做新的尝试，所以每本书确实是不一样的。我觉得不能重复自己所做过的，这是基本原则。

单：你还说过，你写每部作品的时候，都会拿一本杰作在旁边提醒自己。

哈：我的一位导师是以色列作家阿佩尔菲尔德（Aharon Appelfeld），他真是一位优秀、伟大的作家。他告诉我们，写作的时候一定要读一部伟大的书，同学当中可能很少人这么做，但我知道有两三个人是这么做的。

单：你的同学中有一些后来也在文坛？

哈：有几个，都是少数民族，像是印度裔美国作家拉希莉（Jhumpa Lahiri），华裔英国作家戴维斯（Peter Ho Davies）。

单：你早先的作品都是写在中国的经验，一直到《自由生活》才写美国华人社群。

哈：对，但是我早在做研究生的时候就知道《自由生活》中所写的那个故事，蓝本来自一个香港移民的故事。

单：从香港移民到麻州华森市（Waltham）。

哈：对，他的名字叫 Franky，其实那家饭店还在，叫 Hula Hula，店主已经换了。但的确有这个人，他出过诗集，但我当时还不能写那个故事，因为我必须在美国生活了一段时间、真正经历了移民的过程之后才能写得好。

单：那本书是二〇〇七年出版的，是你到了美国二十多年之后，才觉得能真正处理美国华人的题材吗？

哈：我在一九九二年知道这个人的故事，十五年以后才完成这本书。

单：真正动笔是在二〇〇〇年？

哈：对。

单：一般人只看到你得奖风光的一面，但就我所知，你的每一本书除了使用不同的手法、处理不同的题材之外，每本书稿你都改上几十遍。

哈：对，这就是为什么我常说，写作要用第一语言，因为用第二、第三语言写作实在太辛苦了。我的情况跟别人不一样，我是为了生存，要真心从事创作只能在英语的环境中生存下来。所以以英文写作的决定对我来说是很重要的，既然下定决心要那么做，就得坚持，不能乱改变，因为人生很短暂，来回改变几次，这一生就结束了。

单：你现在在美国的学院工作，如何在学院生活和创作之间取得平衡？

哈：学院生活的好处就是有一份稳定的收入，这样你就不受图书市场的控制，可以写自己愿意写的书，即使你教书用的时间、精力都是从写书中拿出去的。但是教书，特别是教文学，还有一个好处，就是会提醒你什么是真正的好书，有个标准在那里。再说我的情况跟以英文为母语的人不一样，我要是待在家里全职写作，我的英语就没有源泉了，因为我总得跟一些年轻人互动，知道他们在想什么，在用什么样的语言。当然在课堂上基本上我是他们的营养源泉，因为我得给他们出点子，修改他们的稿子。但反过来说，教文学的时候，我又觉得那些已逝的作家、不朽的作品是我的营养源泉。像我在波士顿大学的同事贝娄（Saul Bellow, 1915-2005），教书一直教到八十八岁，临死前两年，像他那么伟大的作家也是在教书。所以我觉得教书的好处多于坏处。而且一个作家不需要写很多，关键是要写得好。

单：那真的是教学相长，除了跟学生互动，也跟伟大的作家互动。

哈：对，其实教书对我是很重要的。我有时候问自己，如果我不教书，能不能写出《自由生活》？我的回答是，肯定不能。因为有很多问题，像移民问题，是我在教书中思考过的，所以我知道该怎么处理。

单：《自由生活》也代表华人在美国适应的情况，是移民文学。

哈：一些重要的问题，像是移民文学的传统，只有透过教书才能充分了解，因为必须认真读、认真想，才能和学生讨论，所以教书对我来说其实是很重要的。

移民经验，文学定位

单：你会怎么把《自由生活》在美国文学中定位？或者将来你在美国文学或世界文学中可能怎么自我定位？

哈：（笑）我不敢说世界文学，但是美国文学中由第一代移民写第一代移民经验的不多，一般都是第二代或第三代移民写他们上一代的经验。然而《自由生活》则是第一代移民写第一代移民的经验，而且是关于移民的头十二年的经验。从广义上来说，每个美国家庭在历史上的某个时刻大概都会有一个类似这样的人，刚到美国，疑惑、恐慌，又完全被这片新土地震撼住。这种经验与心态是美国移民经验的一部分。

单：你的著作很多，到目前为止包括长篇小说、短篇小说、诗集和评论集，英文共有十四本，翻译成中文的有十二本。对于华美作家、甚至一般外国作家来说，能在全世界两个重大语系得到这样的重视，实在很罕见。

哈：不好以数量来衡量，我觉得时间才是真正的裁判。一般作家往往有种饥饿感，觉得要不断地做，好像那是一种存在的方式或者是内在的需要。数量我觉得不是很重要，关键是最后能不能写出好书，有两三本能够传世的书就很了不起了。

单：以往你提到自己的文学源泉，除了中国文学和俄国文学的传统之外，以英文作为外语从事创作的，你提到两位移民作家：康拉德（Joseph Conrad, 1857-1924）和纳博科夫（Vladimir Nabokov, 1899-1977）。你会怎么把自己放入那个文学传统？

哈：一开始写作我就认定自己属于那个传统。在英语文学中，以英语作为非母语写作的有这么几位作家，他们成了这个传统的重要作家。我会觉得我也是在那个传统里生存的，而且希望是那个传统的延续。康拉德和纳博科夫的英语都达到了绝无仅有的境界，但他们使用的是书面英语。现在时代不一样了，我一直在想，能不能找到一种别的风格，既不是书面英语，但又是外国人所写的很自然的英语。究竟能不能做到，我不太清楚，但是我尽量想象，看能不能创作出不同的风格来。

单：除了那个传统的延续和扩大之外，新的风格跟你的中文背景或中华文化的传统有没有关系？

哈：当然有关系。特别是像我笔下的华人，说话的时候往往实际上就听到他们在说汉语。不过将来就存在一个问题，能够 foreignize（异化）到多大的程度，也就是把汉语变成英语，但不能变成地道纯正的英语，却又完全是很自然的英语。这是一个理想的程度，能不能做到我不太清楚，只能努力吧！

单：你的自我期许如何？

哈：其实很简单，就是希望写出一两个真正能够留存下去的故事，可能是长篇，也可能是短篇。我太太总是希望我停笔，说："你太辛苦，付出太大了，何必呢？"但我总是说："不写我能做啥？"写作对我来说是一种存在的方式，是每天该做的事情。

单：她看你是怎么个辛苦法？

哈：她看我总是不断地改。有的书出版后，什么反应都有，如果有负面的评论，她觉得也跟着受罪。她说："你何必呢？就是挣点钱吃饭，你何必做这事？已经写够了，别写了。"

单：回顾自己的作品，包括长篇、短篇、诗，哪些是你比较满意的？

哈：也说不出哪些满意，只能说哪本书写得比较辛苦。其实每一本都很辛苦，但我觉得特别是《自由生活》那本关于美国移民经验的小说，是很难写的一本书。

单：你觉得那书对于美国移民文学有些什么增添或贡献？

哈：像我刚才说的，关于第一代移民头十年的经验，心理上总是特别的迷惑、恐惧。这个描写是一种新的尝试，以前有人写过，比如犹太裔美国小说家罗思（Henry Roth, 1906—1995）的长篇小说《安眠》（*Call It Sleep*, 1934），但它写的是关于小孩的恐惧。而我这本书写的是一个成人的恐惧，一个在美华人头十年的恐惧和疑惑。

单：很多人会把它当做自传来读。

哈：细节之处有些是雷同的，因为我尽量想下笔比较有把握，就把一些自己的经历写入情节，这样的话我比较有信心。但整本书的架构不是我的经历，书中的诗人哈里森（Dick Harrison）跟我的职业比较相符——在爱默里大学教了八年的诗歌写作。我比男主角武男要幸运得多。书中有些地方，像武男老是想去见他先前的女朋友，那些情节跟我的生活毫无关系，而且我没有在中餐馆做过事，只是去吃饭，去观察整个餐饮作业流程。

单：谢谢接受访问，分享你的美国经验。

哈：谢谢。

现场问答

问：美国是一个移民社会，以你的经验，离开了熟悉的地方，进入另一个环境，而且是这么异质的环境，就像失了根之后，重新找到自己扎根的位置，成为一位名作家。而你刚刚提到美国的移民生活是一个挑战，这样的文化环境，在某些方面是不是也给你创作上的养分或刺激？

哈：美国的文化似乎是一种比较生猛的文化，把人生存的一些本能唤发出来。其实有些人并不知道自己有多大的潜力，但在那个特殊的环境中为了生存，突然间很多事情就使得你把自己所有的能量都发挥出来。这就是美国文化的一个优越面。不光是移民，各种各样的人都有这样的机会。突然间受到了挑战，就靠你自己，必须背水一战，真正活得像个样子，不管怎样都要努力坚持下去，这是很多人都有过的类似经历，特别是移民。我想这一点是美国文化一个很强壮的地方。

附录：哈金著作目录（仅注明初版）

长篇小说

1998 *In the Pond*, Cambridge, Mass.: Zoland Books.

1999 *Waiting*, New York: Vintage.

2000 《等待》(*Waiting*)，金亮译，台北：时报文化。

2002 *The Crazed*, New York: Pantheon Books.

2002 《池塘》(*In the Pond*)，金亮译，台北：时报文化。

2004 *War Trash*, New York: Pantheon Books.

2004 《疯狂》(*The Crazed*)，黄灿然译，台北：时报文化。

2005 《战废品》(*War Trash*)，季思聪译，台北：时报文化。

2007 *A Free Life*, New York: Pantheon Books.

2008 《自由生活》(*A Free Life*)，季思聪译，台北：时报文化。

2011 *Nanjing Requiem*, New York: Pantheon Books.

2011 《南京安魂曲》(*Nanjing Requiem*)，季思聪译，台北：时报文化。

2014 *A Map of Betrayal*，New York：Pantheon Books.

2014 《背叛指南》(*A Map of Betrayal*)，汤秋妍译，台北：时报文化。

短篇小说

1996 *Ocean of Words*, Cambridge, Mass.: Zoland Books.

1997 *Under the Red Flag*, Athens: University of Georgia Press.

2000 *The Bridegroom*, New York: Pantheon Books.

2001 《光天化日》(*Under the Red Flag*)，王瑞芸译，台北：时报文化。

2001 《新郎》(*The Bridegroom*)，金亮译，台北：时报文化。

2003 《好兵》(*Ocean of Words*)，卞丽莎、哈金合译，台北：时报文化。

2009 *A Good Fall*, New York: Pantheon Books.

2010 《落地》(*A Good Fall*)，哈金译，台北：时报文化。

评论

2008 *The Writer as Migrant*, Chicago: University of Chicago Press.

2010 《在他乡写作》(*The Writer as Migrant*)，明迪译，台北：联经。

诗作

1990 *Between Silences: A Voice from China*, Chicago: University of Chicago Press.

1996 *Facing Shadows*, New York: Hanging Loose Press.

2001 *Wreckage*, New York: Hanging Loose Press.

2011 《错过的时光：哈金诗选》，明迪译，台北：联经。

2015 《另一个空间：哈金诗集》，台北：联经。

林永得与主访人摄于夏威夷。（单德兴提供）

诗歌·历史·正义

林永得访谈录

主访人：单德兴

二〇〇九年十一月七日　夏威夷檀香山

前　言

　　二〇〇九年十一月五日至十五日，我前往夏威夷和旧金山进行亚美文学与文化研究访问，事前在夏威夷华裔诗人林永得（Wing Tek Lum）的协助下，与当地多位作家取得联系，并在短短四天内进行了六场访谈。这次行程可说是我多年访谈生涯中最密集、丰收的，只不过在出国之前原本便异常忙碌，加上要阅读这些作家的作品和数据，并准备访谈的大纲和题目，忙上加忙，可谓毕生难得的经验。

　　在林永得的热心协助下，我住进紧邻购物中心的阿拉·莫阿那饭店（Ala Moana Hotel），从阳台就看得到大海，但因为行程紧凑（包括在藤曲［Candace Fujikane］博士陪同下抽空到夏威夷大学［University of Hawai'i at Mānoa］艺廊观看林永得在访谈中提到的诗画展），直到第五天要离开的那一天上午，才下定决心到海边走了一圈，总算可以宣称到夏威夷观光胜地一游。

　　本篇访谈的主要内容涉及林永得经营多年的几个题材，尤其是自一九九七年以来有关南京大屠杀的系列诗作。结束了在夏威夷的紧凑行程之后，我继续飞往旧金山。后来在访问旧金山州立大学（San Francisco State University）谭雅伦

（Marlon K. Hom）教授时，他告诉我，诗人林永得在观光
胜地夏威夷从事房地产业，家境好，人又热心，有如"孟尝
君"。这还是我这辈子第一次听到用这个词来形容人，颇具
古意，却又很适合古道热肠又谦虚细心的林永得。华美诗
人、小说家、资深编辑梁志英（Russell C. Leong）不只一
次向我表示林永得是当代一流的华美诗人。此访谈由我中
译，精要版连同我的文章与译诗刊登于二〇一一年十二月中
山大学张锦忠博士为马来西亚华文刊物《蕉风》客串编辑的
"林永得专辑"，使得在夏威夷从事英文创作的华裔作家的
作品与想法，能与大洋另一端的华文读者分享。

几个发展出的主题

　　单（以下简称"单"）：第一次遇到你是在上一个千禧年，
也就是一九九七年在夏威夷檀香山，后来陆续在台北"中央研
究院"欧美研究所和高雄中山大学外文系与你见面，今年夏天
又在南京的二〇〇九年华美文学国际研讨会上见面。从第一次
相见至今，十二年间我在海峡两岸出版的期刊和论文集中，出
版过有关你的访谈、论文和译作，现在台湾地区和中国大陆有
些人也知道你的诗作。

　　林（以下简称"林"）：透过你和（南京大学）张子清的协助。

　　单：那是我的荣幸。能不能请你谈谈一九九七年我们初次
访谈之后你的一些发展？

　　林：其实我已经发展出了一些其他的主题。第一个就是南
京大屠杀。一九九七年张纯如（Iris Chang, 1968-2004）出版
《南京浩劫：被遗忘的大屠杀》（*The Rape of Nanking: The*

林永得的两本诗集《疑义相与析》（左）与《南京大屠杀诗抄》
（右）都由夏威夷的竹脊出版社出版。

Forgotten Holocaust of World War II），我读到之后就开始写这
一系列的诗。过去十二年来，我花了许多的时间与精力集中于
撰写有关这个特殊事件的诗，至今大约写了七十首。① 我也依
然热衷于其他的诗作，像是有关自己的家族。比方说，我有一
组诗即将刊登于第九十四期的《竹脊》（*Bamboo Ridge*），这三
首诗分别关于我的母亲、妻子和女儿，因此是有关三代的诗、
有关我生命中最重要的三个女人的诗。有关母亲那首是我观看
她大学纪念册的感怀，会是《南京大屠杀诗抄》的献诗
（Dedication，即《我从你的大学年鉴得知》，"What I Learned

---

① 《南京大屠杀诗抄》（*The Nanjing Massacre: Poems*）二〇一
三年由夏威夷的竹脊出版社出版，总计收录一百零四首诗作。相关讨
论可参阅笔者《创伤·摄影·诗作：析论林永得的〈南京大屠杀诗
抄〉》，《文山评论》7 卷 2 期（2014）：1–45。

from Your College Annual"），但也适合放入家族诗篇。第二
首有关妻子的是一首幽默的诗，描述我们到纽约探视女儿，有
一次搭地铁时，看到一对讲广东话的年轻夫妻就站在我们前
面，那女子讲话的方式很有自信，关心那男子，像母亲一样照
顾他，这让我联想到我太太。第三首有关女儿的诗就是我们在
纽约与她同住时，看她如何感受自己在纽约的生活。她在纽约
一个非营利组织工作了大约五年，那是她所学的，主要是帮忙
募款。

　　另一个题材就是夏威夷华埠。我针对这个主题已经写了
大约二十首诗，试着想象一百或一百二十年前，也就是最早
期的移民世代，在夏威夷或华人移民小区的华埠生活是什么
模样。

关切南京大屠杀

　　单：你是何时以及为何对书写南京大屠杀感兴趣的？

　　林：一九九七年张纯如的《南京浩劫》出版后，我读了
觉得很愤怒，立即写了一首诗，细数她所描述的那些暴行，
诗名为《南京，一九三七年十二月》（"Nanking, December
1937"），那是我有关南京大屠杀的第一首诗。当时并没想到
会继续写下去，但的确想到其他相关的事件。由于张纯如那
本书很轰动，许多出版社决定推出更多有关这个议题的书，
因此我能得到很多数据，至今大约读了五十本相关的书，也
能把其中一些观念据为己有。

　　单：你读了张纯如的书觉得很愤怒，原因之一当然就是那些

暴行，另外是不是也因为日本人对于这个事件的态度？

林：这两个原因都有。你多少晓得我的背景，我是第三代华人，父亲出生于夏威夷，但母亲出生于上海，在南京有亲友，也去过南京一次，她于一九三四年来夏威夷跟我父亲结婚。先前我父亲去中国，两人在上海相遇，相恋，她决定嫁到夏威夷。因此我父亲回来后就安排她来夏威夷，也可以逃避日本人的侵略。我母亲的随身物品中有一本相簿。

单：对你母亲来说，一位年轻女子远赴重洋，开启新生，那是很大胆的决定。

林：的确。因此，严格说来，我跟南京大屠杀这个事件并没有什么个人的牵连，但因为我是华人，虽然对历史感兴趣，却不是历史学家，而是诗人。我研究了许多现代史，而原先的兴趣转为愤怒。因为就像你所说的，日本人的所作所为，那个事件本身就让人很愤怒，而一直到今天日本人还试着漠视那个事件。因此，我关切的是让世人记住这个事件，并记住张纯如所谓的"二次强暴"（"the second rape"），也就是日本人试着遗忘六七十年前所犯下的那些暴行。

单：今年七月，我们一块参加在南京举办的华美文学国际研讨会，那是你初访南京，印象如何？

林：中国现代化了，我去看了明朝的古城墙和日本人建的桥，也去看了南京大屠杀纪念馆，访客很多，很难静心专注。由于我处理这个题材十多年了，有些事情已经知道了，但能把这一切放进一个统一的视角，对我来说是件好事。研讨会负责招待的学生带我去看拉贝（John Rabe, 1882-1950）的故居，就在南京大学校园附近。当时有许多中国人逃到他那里躲避日军侵害，就住在他的花园里。我很惊讶那个花园那么小、墙那么高。我想南京加强了我在这方面的心念（psychological boost）。①

我大学时就很关切一般的战争，而在我那个时代就是越战，我试着号召人们反战，因为我一向认为战争本身是很糟的事。在读到有关这个特殊事件的资料时，我想我应该再度做点什么，想透过写作来表达不该有战争的理念。南京大屠杀中伤亡惨重。在战事结束、日军占领南京城之后，很多平民和战俘被捕、斩首、活埋，很多妇女遭到奸杀。这些事情都不应该发生，降方的军人和平民百姓理应受到保护，即使在占领之后都该维护他们的生活和安全，但这些暴行却在南京至少持续了六星期，令我十分愤怒。

单：我发现你在诗中运用了许多不同的技巧和不同的角度，像是中国人、日本人、军人、平民、女子、生者、死者的角度。你如何选择这些不同的角度？

林：这些方式多少能让我摆脱以往写作时只想到自己的那种告白式的角度，因此我想最好是能更具实验性，而且有更多样的观点。我的确试着不只要进入受害者或幸存者的心里，也试着想知道日本军人犯下这些暴行时，他们心里到底在想什么。因为我读的书中，有些是日本军人的见证或访问，他

---

① 拉贝（其名片之中文名为"艾拉培"）当时为"德商西门子电机厂代表"（Representative of Siemens China Co.），代理德国纳粹党南京分部副部长。有鉴于日军入侵，烧杀奸淫掳掠，无恶不作，他发起成立南京安全区，并担任安全区国际委员会主席，庇护了大约二十五万中国难民，自家的花园也庇护了大约六百名难民。他的《拉贝日记》（英译 *The Good Man of Nanking: The Diaries of John Rabe*, 1998）为张纯如所发掘，记载了他在南京的亲身见闻，为见证日军暴行的第一手资料。

们坦承自己做的一些事。比方说，本多胜一的《南京大屠杀：日本记者直击日本国家耻辱》（Honda Katsuichi, *The Nanjing Massacre: A Japanese Journalist Confronts Japan's National Shame*）收录了一些对幸存者和士兵的访问，那本书引起很大的争议。许多日本右翼人士说，这些士兵根本不存在，是本多胜一捏造出来的故事。但在阅读他的书之后，我相信那些是真人实事，而我认为我能从日本士兵的角度来写。我有一些诗与士兵有关，但大多是从平民或受害者的角度，因为我愈是读那些书，就愈对他们的故事感兴趣。

我的目的就像华埠历史系列一样：为那些逝者、被遗忘者、被消音者诉说他们的故事，诉说他们如何生活、有何遭遇。因此，我必须有作者之信仰的跃进（the writer's leap of faith），必须去想象。所以我总是清楚明白地说：这些诗全是虚构；它们也许是根据证词、历史、日记或真正在那边的人的回忆，但现在由我把它们虚构出来。有些人说我的想象力太丰富，有些人批评说这不是南京大屠杀。但我要说的是：这是根据我的阅读，而我以创意的方式来想象这些人的遭遇，他们如何受苦、如何死亡。因此，我试着为那些无法诉说的人发声。那就是我的动机。

单：你有没有试着从拉贝的角度来写？

林：没有。我读了他的日记，从他偷取了一些事件和观察，但并没有以拉贝为第一人称的方式来写。

单：这些诗有没有得到任何回应？

林：到目前为止我大概发表了十四五首。有些人告诉我，这些诗写得很好。我的画家朋友谷川（Noe Tanigawa）决定根据我的诗发展出一系列的画，目前正在夏威夷大学艺廊展出。她是夏威夷大学艺术学程二十位校友之一。在这次展出中除了一般的图画之外，比较特别的就是她在一张桌子上摆了我二十几首诗，桌上有些纸片和剪报。每首诗都搭配了她的一幅画，有些还配上照片。你必须坐在桌旁，读这些诗。每幅画都以诗名为标题，但它们不是在同一个地方，所有这些都混在一块，有些像是考古，看的人必须要挖掘。你也许会对其中一张黑白画印象深刻，心想那是怎么一回事，然后你在桌上找到一张纸片，甚至找到我的一页诗。你必须经过这番挖掘，这就是学习历史的过程：必须走进去，仔细搜寻，去了解当时真正发生的事情。此外，艺廊墙上有三幅大画，旁边是我的诗，这些是她比较标准形式的作品，但我更着迷于她摆在桌面上的那些报章杂志的数据，因为你必须亲自去挖掘，才能得到部分的图片、部分的文字或部分的诗，自行去拼凑。所以观看这些材料的人可能各自发展出很不一样的看法。我认为那是很棒的展览。

诗集的结构与形式

单：根据你提供给我的南京大屠杀诗稿，目前暂时分为四部分。

林：是的，这些部分主要采用编年的方式。第一部分设定场景，因此采取的是南京城里人和日本士兵的角度。第二部分与军事暴行有关。第三部分是中国妇女遭遇的暴行。因此，第二、第三部分里的那些人很可能并未幸免于难，而是遭到杀戮。第四部分是后来的事，有一些幸存者的故事，希望能稍微提振一下人心。

单：你这一系列准备要写多少首？

林：不知道，我只是一篇一篇地写，不知道底下还有两三首或二三十首。如果能得到更多的材料，就能写出更多的诗。我不知道可不可以现在叫停，但就诗集来说，分量已经够了，可以歇笔了，但我写得兴致盎然，灵感尚未枯竭，也就是说，这本诗集的泉源还没干涸。

单：你说为了这一系列的诗读了大约五十本书，哪一本让你印象最深刻？

林：我不记得确切的书名了，但你读我的诗就知道，里面有脚注。本多胜一是其中之一。还有一本就是尹集钧和史咏（James Yin and Shi Young）的《南京大屠杀：历史照片中的见证》（*The Rape of Nanjing: An Undeniable History in Photographs*）。我从拉贝的日记中发现一些有趣的故事。我也读有关二次大战欧洲战场的书，从其中一些事件可以想象在南京的相似情境。比方说，葛罗斯曼（Vasily Grossman）有一本书写的是二次大战期间一位作家跟随苏俄部队进入德国，其中写到一个年轻女子收拾东西准备逃离战场。而我就试着想象有个女子收拾东西准备逃离南京，虽然我笔下这件事是我想象出来的，但有一些人确实在日本人来之前就逃离南京。因此，我有意想象一个人是如何做到的。我会在书末加上注解，让人看出特定一首诗的灵感来源。

单：至于从照片得到灵感而写出的诗，可不可能附上那些照片，以图文并茂的方式呈现？这样会不会涉及版权问题？

林：我还没想到这些，但会重新考虑。我可能会加些画作，因为这些画作受到我的诗的启发；我也可能加上启发我写诗的一些照片，或许会有一些版权的考虑，不过那些都是很老的照片了。

单：你会不会纳入序诗和不涉及版权问题的那张家庭照片？

林：不，我想不会有那一张。①

诗与疗愈、和解、正义的关系

单：能不能谈谈诗与重新创造过去（the recreation of the past）之间的关系？

林：我认为你用了一个很好的用语："重新创造过去"。我的记性并不是很好，所以我写作的动力就是为了保存我的记忆，因而写了一些有关家人、有关自己经验的诗，我试着把它们写下、表达出来、保留它们。但是对于南京大屠杀，我并没有个人的经验，因此必须在诗里重新创造历史事件，虚拟过去，而那就是"信仰的跃进"。那并不是第一手的回忆录或自传，却依然是一种不同的真相。希望我的诗中描述了足够的意象、足够的情境，让读者可能来想象我写作的题材。我相信诗会带来真相。

单：你先前提到，诗是为被消音者发声。请问，诗与创伤、疗愈的关系如何？

林：我想主要是为读那些诗的人。人们可能会说，有些人九死一生，遭到强暴，受尽苦楚，阅读这个怎能使人得到疗

---

① 二〇一三年出版的《南京大屠杀诗抄》收录了一百零四首诗，分为五部，七成有尾注说明出处，没有任何照片，每部之前都有谷川的一张炭笔画，封面来自谷川的油画《南京之莲》（*Nanjing Lotus*），以红底白莲象征和平、希望、超越与疗愈。

愈？但我认为，把事情摊开，而不是藏匿，是迈向疗愈的第一步。此外，我特别试着把受害者加以人性化，并不是为了报复，而是为了赋予他们生命。那的确是我一部分的动机，我试着为他们开始某种疗愈。显然，如果被斩首的人能复活，我确信那个人一定会很生气，想要报复。但不写报复的诗是另一种方式。我认为读这些诗的人，当他们判断这种暴行不该再发生，日本人应该坦承犯下的暴行，虔诚忏悔，寻求宽恕，保证不再犯过，这时就会产生疗愈。我认为这是日本人要疗愈的过程。至于中国人，我认为人们不该遗忘那些人，要阻止将来再度发生战争。这些说法虽然很理想化，因为总是有战争，而且我也相当务实，知道未来还是会有战争，但我们所能做的就是尽己所能地防患未然。

单：能不能谈谈诗与和解、正义的关系？

林：我认为我所要做的就是说故事。透过这本特定的诗集，试着为人们诉说有关这个特殊事件的不同故事，目的是要感动人。如果人们受到感动，就会决定如何处理未来的事件。至于和解的问题则超过我的范围，必须由中国人和日本人自己决定要怎么做。你知道，我是美国人，不在现场，也没有亲友直接或间接涉入。

单：你有没有在公共场合朗诵这些诗？听众是谁？反应如何？

林：我主要是在夏威夷这里朗诵这些诗，听众认为这些诗写得好。我也在美国大陆、北京、南京、台湾的会议中朗诵过一些，反应也很好。

单：夏威夷有很多日裔美国人，你有没有从他们得到什么特别的响应？

林：没什么特别的。这里的日本人基本上跟那些参与侵略中国的日本人没有关系，因为他们大都是第三、第四代或第五代的移民，他们的家族在二次大战前就来到这里，早就美国化了。

单：因此，他们更可能客观看待那场战争、日本和日本政府？

林：是的。同样重要的就是，他们当中有很多人是美军派驻欧洲战场赫赫有名的四四二步兵团（The 442nd Infantry Regiment）的后裔或亲友。那个军团的日裔美国军人忠勇爱国，自认在二次大战时是为美国打仗。当时大家都怀疑他们同情日本人轰炸珍珠港、征服亚洲那么多地方，因此他们努力尝试翻转那个印象。

单：你计划何时出版南京系列诗作？

林：不知道。我对这些诗还有一些想法，而且很高兴自己还有一些写诗的灵感。这本诗集会很独特，因为它不只是诗，也处理到历史。可能有些人认为它太具争议性，但其他人或许能看出它的优点和独特之处，而不是缺点。

单：方不方便在美国大陆出版？可不可能以双语的方式出版？你太太在夏威夷教中文，也翻译过几首你的诗。

林：是的，也许要找个适当的时间点，因为我是美国人，以英文写作，所以我要先出英文版。也许以后更具野心时，再邀你翻译。你翻译过我的诗，而且翻得很好。

单：谢谢。虽然译诗很辛苦，比译小说、散文、论文辛苦得多，但我还满乐于翻译这些诗的，尤其是你有关太极拳的那首《推手》，主题本身我就喜欢，也喜欢你处理的方式：把赵健秀（Frank Chin）和汤亭亭（Maxine Hong Kingston）这两位亚美文学的"教父"和"教母"之间的唇枪舌剑、你来我往写成像在推手一般。更何况我自己也练了多年的太极拳，感觉特别亲切。

谢谢你今天接受访问。

附录：林永得诗作目录

1987 *Expounding the Doubtful Points*, Honolulu: Bamboo
Ridge Press.

2013 *The Nanjing Massacre: Poems*, Honolulu: Bamboo
Ridge Press.

翻
译
篇

余光中与主访人摄于中山大学外文系。（单德兴提供）

第十位缪斯

余光中访谈录

主访人：单德兴

二〇一二年十二月七日

高雄中山大学文学院余光中教授研究室

前　言

　　余光中教授是华文文坛耆老，在诗歌、散文、评论、翻译四方面都有耀眼的表现，曾称其为自己"写作生命的四度空间"。单就翻译而言，自一九五七年迄今完成了十多部作品，大多数为英译中，但也有中译英与自译，内容遍及诗歌、小说、戏剧、传记等文类，影响深远。他与翻译结缘甚早，一向重视翻译，在一九六九年的《翻译与创作》一文甚至独创翻译为"第十位缪斯"之说。

　　余老师是我一九七〇年代初就读政治大学西洋语文学系时在文学与翻译方面的启蒙师，长久以来便有意与他进行访谈，但也深知要访谈在多方面表现如此杰出的文坛大老和学界前辈殊为不易，以致迟迟未能进行，悬念多年，终于决定将范围锁定在翻译，因为这个主题我较为熟悉，而且在他八十大寿时写过两篇论文讨论他的译论、译评与自译。经黄心雅教授居间联系，获得余老师首肯。

　　这次访谈就在余老师位于高雄西子湾中山大学文学院面海的研究室里进行，师生二人各持一份我拟就的题目与资料。即使访谈内容已集中于翻译，然而由于余老师多年来丰硕的"译绩"与论述，值得请教的事情非常之多，从早年与翻译结缘，到翻译的成果与经验，批评与论述，教学与提倡，往事与轶闻，未来翻译计划……内容颇为广泛。访谈于上午十一点开始，中间与外文系同仁一道外出用餐，下午两点回到研究室继续进行。精神矍铄的他记忆甚佳，诚恳坦率，针对问题一一作答。访谈总共进行了大约三小时，到后来他的声音甚至已经稍微沙哑，但仍热心响应。我一方面不愿如此劳动老师，觉得于心不忍，另一方面却又深知机不可失，许多问题必须当面询问。录音档由黄碧仪小姐誊打出来之后，送请余老师本人过目。

余老师在百忙中拨冗校订，于一周左右就寄回，效率之高令人惊讶。他在所附的信中说，全稿"仔细校核了一遍。有些事实上的出入我都改正了。……不少地方的来龙去脉，你额外去查数据，加以澄清，颇有贯彻之功"。细看校订稿，只见改正之处都以典型的余氏字体用红笔标示，有几处连一个英文字母都不放过。信中也提到"爱荷华"乃 Iowa 的误音，怎么也不该有 h 的音，正文里则改为"爱奥华"。凡此种种无疑又是一次绝佳的身教。

与翻译结缘

单德兴（以下简称"单"）： 能不能谈谈你最早跟翻译结缘的方式？

余光中（以下简称"余"）： 我跟翻译结缘得很早。开始的时候是在高中，读翻译的书，印象最深刻的就是曹禺翻译的 *Romeo and Juliet*，他译为《柔蜜欧与幽丽叶》，这是最早看到的比较好的翻译。后来读到林琴南的《巴黎茶花女遗事》，用文言翻译的，好得不得了，非常沉醉其中。那时高中的国文课本和现在的不一样，比如说，里面选的课文有拜伦（George Gordon,

Lord Byron, 1788-1824）的长诗《唐·璜》（*Don Juan*）里的一段，名为《哀希腊》（"The Isles of Greece"），三种翻译分别出自马君武、苏曼殊、胡适之手，各用不同的诗体：马君武用七言古诗（1905年），苏曼殊用五言古诗（1907年），胡适用离骚体（1914年）。真是各有特色。我后来看胡适自己创作的白话诗，觉得没有一篇比他的翻译好，这算是很少有的现象。

至于我自己开始动笔翻译，完全是出于一种冲动。我在金陵大学外文系一年级时看到一本英文书，这本书在大一点的文学辞典里会提到，但现在很少人谈论，就是英国剧作家贝西尔（Rudolf Besier, 1878-1942）的《温坡街的巴蕾特家》（*The Barretts of Wimpole Street*），描写诗人布朗宁（Robert Browning, 1812-1889）怎么闯入伊莉萨白·巴蕾特（Elizabeth Barrett, 1806-1861）的病居生活，然后带她私奔。因为布朗宁的太太娘家姓巴蕾特，所以有此剧名。我当时热衷于翻译，几乎是不择手段，碰到什么就想翻译什么，于是翻译了这个剧本。虽然英文懂了，可是中文不够好，当然是翻不清楚，翻了才六分之一就知难而退。那是大学一年级的事。

等到大学二年级下学期到了厦门大学，我倒是翻译了一篇作品，但不记得是什么了，大概是杂文，登在当时厦门的报上。其实更早之前，在高中时，我有个同班同学，是后来台湾师范大学国文系教授李辰冬的儿子，我们俩合办了一份小报，一大张，正反两面，有四张A4般大小，因为篇幅不小，我就翻译了拜伦的诗，是《海罗德公子游记》（*Childe Harold's Pilgrimage*）咏滑铁卢的八段，用的是旧诗的诗体。可是我当时旧诗写不好，只是在摸索而已。我译完之后拿给舅舅看，他说平仄不行。我又寄给我当时的女友、未来的太太看，她才不管平仄不平仄，觉得能翻出来就蛮好的了。这是高三下学期的事。

单：你跟师母范我存女士是表兄妹。

余：是。这就是我最早的 clumsy attempt（笨拙的尝试）。真正翻得比较好、上轨道，而且登出来大家也觉得不错，是在台湾大学四年级的时候。那时吴炳钟教我们翻译，他在赵丽莲编的《学生英语文摘》有个专栏，我最初正式的译诗就刊在上面，当时梁实秋、赵丽莲、吴炳钟都很鼓励我。

单：是用本名发表吗？

余：就用"光中译"。陆陆续续翻了好多诗，所以我最早的译诗集就叫《英诗译注》，里面的翻译大部分就是之前刊登在《学生英语文摘》上的。

单：《英诗译注》是一九六〇年出版的。

余：里面许多诗是我在台大最后一年、也就是一九五二年就翻译的。

单：你曾提过在学生时代参加《学生英语文摘》主办的翻译奖，还得过奖。

余：对，《学生英语文摘》举办翻译奖，第一届是我得奖，奖金五十元台币，大约等于现在的五千元，还不少。

单：当时多少人参加比赛？多少人得奖？

余：细节我不记得了。当时台港之间有一件大事，就是《今日世界》提供了一个翻译奖，是翻译美国诗人麦克里希（Archibald MacLeish, 1892−1982）的《诗的艺术》（"Ars Poetica"），很多人参加，但我没有。[1]

---

[1] 《今日世界》1953年第34期刊出当年所举办的译诗比赛，结果，"'诗'榜（参加者221人），第1名周绍达，第2名李尚平，第三名刘素"（3）。

单：但你后来也译了这首诗。

余：对，那是后来译的。① 麦克里希是美国诗人，跟官方很有关系，曾经是美国国会图书馆馆长（1939-1944），非常显赫。

单：你是在台大时由吴炳钟正式教翻译？

余：对，听他讲课，在班上也做过练习。

单：上他的课有没有什么启发？

余：他快人快语，有很多有趣的 original thinking（创意），常会批评别人翻错了。他第一堂课就说罗家伦翻错了什么，等等，细节很多。当时（一九五〇年）麦克阿瑟将军（Douglas MacArthur, 1880-1964）访台，临走时蒋介石送机，麦克阿瑟在机场发表了跟台湾的地位有关的一番话。吴炳钟说，"中央社"译错了一处，罗家伦更正，反而错了三处。他第一堂课就讲了这一段话，讲得非常得意。他当时只比我们大七八岁，我们大概二十二三岁，他大概刚满三十岁，担任上校，雄赳赳气昂昂，跟美国人站在一起毫不逊色。

单：他的英文是怎么训练出来的？

余：他在辅仁大学只读了两年，没有毕业，他父亲跟梁实秋和辅仁大学的创办人英敛之，也就是英若诚的祖父，都是好朋友。所以他出身世家，是一个怪才。他大学没毕业，但帮别人写了一篇论文，别人却大学毕业了。当时台湾的口译他是第一把交椅，蒋介石跟美军在一起时都由他翻译，可是他非常潇洒不羁，不拘小节。有一次他帮蒋介石口译时，美军哄堂大

---

① 后来余老师为林以亮编的《美国诗选》（香港：今日世界出版社，1961）翻译麦克里希三首诗，其中包括了《诗的艺术》（269-71），并撰写《麦克里希的生平和著作》（263-67）。

笑，蒋介石觉得很奇怪，心想我没有讲什么好笑的啊，但蒋夫人听出来了，原来是吴炳钟自己奉送了一个笑话。这个很不妥，因为他是军职人员，怎么可以这样子胡闹。他军职升不上去，因为常常顶撞上司。后来他就去编字典了。

单：他曾在台湾电视公司主持《认识世界》《台视英语》等节目。我中学时住在南投中寮乡下，是看电视知道他的。

余：他当时非常出名，对于音乐、文学都很爱好。他对我相当鼓励，每次到班上，一看我不在，就找我："Where is the poet?"他喜欢古典音乐，我也受到他的影响。至于《老人和大海》（*The Old Man and the Sea*, 1952）是海明威（Ernest Hemingway, 1899-1961）的小说，最早是刊登于《生活杂志》（*Life Magazine*），我一看到就着手翻了。这部小说在出版当年就得到普立兹奖，第二年就得到诺贝尔奖。①

《梵谷传》的前世今生

单：你好像是在大四时翻译这篇小说当做毕业论文的一部分……

余：不，我是台大一毕业翻的。台湾的大学生设军训是从我们那一届开始的，一九五二年。当时学生一涌而至，到凤山受训，如果英文好，可以考翻译官留在台北。军方总共

---

① 余老师翻译的《老人和大海》最早于一九五二年十二月一日至一九五三年一月二十三日在台北的《大华晚报》连载，一九五七年十二月由台北的重光文艺出版社印行专书，五十多年后，他花了两个月仔细修订，二〇一〇年十月由南京的译林出版社推出新版，易名为《老人与海》。

录取了一百名翻译官，我是第一名，所以就留在台北，受训只有四个月，不像到凤山要一年，受训四个月后我被派到"国防部"。

单：在"总统府"里面吗？

余：对，在第三厅，做翻译官，一做就是三年。

单：那时的役期是三年？

余：只两年，是我自愿留营一年，因为其实并不忙，而我的《梵谷传》（*Lust for Life*）就是在办公桌上翻的。

单：张晓风在特载于新版《梵谷传》后面的《护井的人——写范我存女士》一文中特别提到这一段翻译的经过，能不能请你稍微说说？

余：那时候我翻译《梵谷传》，用的原文书是她的，梵谷画册也是她家里的。我就借来翻译，稿子译好就寄到中坜，因为当时她在中坜幼儿园当老师，让她抄稿，她抄好之后寄回来给我，我就拿去《大华晚报》连载，就这样子把这本书译出，一九五七年由陈纪滢的重光文艺出版社出版。大概过了二十年，我在香港中文大学的时候，姚宜瑛的大地出版社有意重新出版，于是我花了十个月的时间，改了一万多处——三十几万字的翻译，我改了一万多处。

单：改的重点是什么？

余：其实在英文了解上并没有什么错误，主要因为我不满意自己早年的中文。

单：听说你随时随地把握时间改稿。

余：是，有时候我开车载太太去大埔菜市场，她去买菜时，我就坐在车的后座改稿。先前有一篇东海大学的硕士论文就是比较《梵谷传》前后版本的不同。

出国进修，中英译诗

单：你大学毕业后，出国进修的情形如何？

余：我台大毕业六年后去美国爱奥华大学（University of Iowa）的写作班（Writers' Workshop）进修，在那里大家都得把英文作品交给安格尔（Paul Engle, 1908–1991）。我不知道白先勇他们是怎么样，我是把自己的中文诗翻成英文交出。我从来不曾动念头要用英文写诗，都是用翻译去抵，后来我在爱奥华攻读艺术硕士（Master of Fine Arts, MFA），也要求写论文，就是后来出版的 *New Chinese Poetry*。

单：那是你第一本中译英的作品，中文名为《中国新诗集锦》，一九六〇年由 Heritage Press 出版。

余：当时台湾的印刷条件不如香港，因此是台北的美国新闻处（United States Information Service，简称 USIS，美新处）委托香港的 Heritage Press 出版，薄薄的一册。

单：那本书的序言还特别引用了惠特曼（Walt Whitman, 1819–1892）《自我之歌》（*Song of Myself*）中的诗句："I too am untranslatable"，以示译事之难。就我所知，新书发表会时，美国大使庄莱德（Everett F. Drumright, 1906–1993）以及胡适、罗家伦等五四时代的代表人物都到场。

余：对。（走到门旁书架，从自己的作品专区找出《青铜一梦》，翻到书前的照片）这张照片非常珍贵，而且还满清楚的。这张上面有胡适、罗家伦，还有庄莱德夫妇。出席的诗人有郑愁予、夏菁、钟鼎文、覃子豪、纪弦、罗门、蓉子、我、杨牧（当时笔名叶珊）、周梦蝶、洛夫。入选的诗人差不多有一半都出席了，很可惜痖弦没能出席，几乎半个台湾现代诗坛的人都在那里了。这对这些诗人是很大的鼓舞。

单：所以在当时这不单单是台湾文坛的盛事，也是中美文化交流的大事。

余：那倒说不上，不过对于新诗人是很大的鼓舞，因为当时台湾文坛还不接受我们，我们饱受批评。后来齐邦媛编的《中国现代文学选集》中我也翻了不少诗。我翻译台湾 fellow poets（同道诗人）的诗应该有七八十首。不过，it's a thankless job（这是吃力不讨好的工作），这些诗人有些甚至没有向我道一声谢。

New Chinese Poetry 新书发表会（一九六一年）。庄莱德夫妇在台北中山北路寓所设宴款待作家。左起：郑愁予、夏菁、罗家伦、钟鼎文、覃子豪、庄莱德、胡适、纪弦、庄莱德夫人、罗门、余光中、余光中夫人（范我存）、叶珊、蓉子、周梦蝶、夏菁夫人、洛夫。（数据源：中山大学余光中数位文学馆）

还有一张照片，是我跟美国诗人佛洛斯特（Robert Frost, 1874-1963）合拍的，当时我三十一岁，他大概八十多岁。我买了他的诗集请他签书。

余光中与美国诗人佛洛斯特合影。（数据源：中山大学余光中数位文学馆）

爱奥华大学的艺术硕士要修满六十个学分。安格尔跟我说，你在台湾已经是讲师了，又翻译了《梵谷传》《老人和大海》。而且那时候我已经在为林以亮（本名宋淇）编的《美国诗选》译诗了，译了狄瑾荪（Emily Dickinson, 1830-1886）等诗人的许多诗。他说，你这些已经算三十个学分了，我们这个创作班算二十四个学分，所以你还差六个学分就可以拿到艺术硕士。于是我选了 American Literature（美国文学）和 Modern Art（现代艺术）两门课，这对我后来讨论艺术非常有帮助。

我一九五八年去，一九五九年回来，就在师大当讲师。上海帮的吴鲁芹、夏济安、宋淇都是好朋友。宋淇正受香港"美新处"之托，要编一本美国诗选，找人分头来翻译。吴鲁芹极力推荐我，寄了些样品给他看，他觉得可以，从此我就跟宋淇交往很多，他对我的翻译多所鼓励。那本《美国诗选》共列了六位译者，其实全书几乎有一半都是我翻的，张爱玲翻得很少，夏菁很少，梁实秋很少，邢光祖也不多。

单：那本书上挂名的是四位：你、张爱玲、林以亮、邢光祖。梁实秋和夏菁只出现于目录。挂名的四人中领衔的是张爱玲，其实你译的最多。

余：至于《中国新诗集锦》也是吴鲁芹推荐的。一九五九年我回师大教书，吴鲁芹打电话给我，跟我要硕士论文，拿去看了之后就推荐给"美新处"，当时他是台北"美新处"职位最高的华籍人士，而处长又喜好文艺。

单：当时的处长是麦加锡（Richard M. McCarthy, 1920-2008，驻台期间 1958-1962）吗？

余：是。他对白先勇等人创办的《现代文学》也很支持，对画家席德进也很鼓励。于是"美新处"就把这本书拿到香港去印，当时给我的稿费是一万块台币。

单：那么多！

余：多到什么程度呢？当时我在师大当讲师一个月的薪水是一千二，而他们一下子给我一万，几乎是一年的薪水了，那还得了！所以当时一般人怎么能不崇拜美国呢？那么有钱。后来我进一步跟香港"美新处"签约要翻译梅尔维尔（Herman Melville, 1819-1891）的《泰比》（*Typee*）跟《比利·包德》（*Billy Budd*），结果没翻出来。《比利·包德》很难翻，翻了一部分就卡住了。

单：已经翻译了一部分的《比利·包德》？我一九八〇年在台大外文所的硕士论文写的就是梅尔维尔这部晚年遗作。

余：翻了一两万字，大概不到三分之一。

单：我念大学时读到你翻译梅尔维尔的作品是《录事巴托比》（*Bartleby the Scrivener*）。

余：那是中篇小说，比较短，出版时采用中英对照的方式。我也翻了另一本书，有十几万字，但是没出版，那是梁实秋介绍的。当时大同公司的董事长林挺生很礼遇梁实秋，给他房子住，请他到他的学校（大同工专）教课，而且主编协志工业丛书。

单： 就是那一套绿皮书。

余： 对。梁老师要我翻什么呢？是我很不喜欢的一本书：《阙思特菲尔德勋爵示子书》（*Letters Written by Lord Chesterfield to His Son*），非常 Machiavellian（讲究权谋），非常功利主义，而且是贵族教育。我当时醉心于浪漫主义，怎么会喜欢新古典主义的东西呢？我勉强翻了，也拿了稿费，结果书却从来没出版。

单： 像这届的梁实秋文学奖颁奖典礼中，有一位得奖人特别提到，他当初得到台湾《中国时报》的创作奖，但《中国时报》只是颁奖，没有出版得奖作品专集，不像梁实秋文学奖这样，由九歌出版社出书，广为流传。

余： 对，对。大概台大外文系的这个中国古典诗英译竞赛得奖作品会出一个小册子，不会像九歌那样出书。其实九歌的印刷很好，而且书的一头由中文开始，另一头由英文开始，除了原文和得奖译作之外，你和彭镜禧的综评都写得很好。所以我们梁实秋文学奖很有公信力，不但颁了奖，还等于做了社会教育，对不对？就像社会大学翻译研究。

单： 因为你把梁实秋文学奖的名声树立起来，我们不能砸了你的招牌。

"六译"并进

单： 你不仅翻译，而且在不同场合也提到自己的"四窟""写作生命的四度空间""四张王牌"，我也曾以"四臂观音"

来形容你在诗歌、散文、翻译、评论方面的耀眼成就。张锦忠说你是"五译"并进：做翻译、论翻译、教翻译、评翻译、编译诗选集。我认为若是加上提倡翻译，就是"六译"并进。

余：其实，我还有一些译稿没有发表，也有些没译完就摆在那里。在文星的时代，我还译过画家克利（Paul Klee, 1879-1940）的传记，但也是译了一个开头就摆在那里。我年轻时非常有雄心，having too many fingers in too many pies（太多东西都想沾一点）。至于《英美现代诗选》，过了这么多年，已经不能算很现代了。其实在那之后我又翻译了一些英美诗，至少四五十首是有的。

单：那本译诗选是一九六八年出版的。

余：可是我后来又翻译了不少诗。同时，我在写评论文章的时候，for illustration（为了示范）常常就把一首诗翻过来了。比如说，我写文章讨论到雪莱（Percy Bysshe Shelley, 1792-1822），就翻译了不少他的诗。这些后来翻译的英美现代诗加起来不少，所以我很需要时间来重新修订《英美现代诗选》，至少可以把它扩大成现在的一倍半的分量，先前没入选的诗人要写评介，诸如此类的事。很可惜，假设我这些事情没做就去世的话……

单：不要这么说……

余：……那就太可惜了。

单：不单单是对台湾，对华文世界，《英美现代诗选》都是蛮重要的启蒙书。

余：对了，我今天去开信箱，看到前天的报纸副刊还提到这件事，这算是给翻译者的一个安慰。新诗人李进文在《我不伦不类的文学启蒙》那篇文章中提到，他"最早拥有的译诗选集《美国诗选》，由林以亮先生编选，译者都是一时之选，包括林以亮本人、梁实秋、夏菁、张爱玲、余光中、邢光祖等人，共选译了十七位美国重要诗人的作品。每一位诗人作品前都有译者用心写的诗人生平和著作。……这本书是最早对我启蒙的翻译诗选。"他写道："从这本有系统的翻译诗选，我第一次读到爱蜜莉·狄瑾荪，透过余光中精彩的译笔给我极大的震撼，爱蜜莉形容'报纸像松鼠赛跑'、她看到蛇感到'骨髓里降为零度'、写殉美则是'直到青苔爬到了唇际，将我们的名字遮掩。'多么新颖迷人的比喻。"文中也说："另一本也对我影响很多，余光中于1973年译著的《英美现代诗选》。准确而有系统的译诗，可以让人上天堂，年少懵懂，一开始遇见的是这两本书，算是好运。"另外，他还提到了诗人陈黎的相同经验："陈黎在《当代世界诗抄》的译诗杂记中也提到："上大学时读余光中先生译的《英美现代诗选》，觉得受益匪浅。"

单：的确，那时候很多人，包括我个人在内，都靠你译介的英美诗歌启蒙，因为你不只译诗，而且介绍诗人的生平与特色。甚至后来我到大陆访问时，也看到《美国诗选》的简体字版，得知这本书在大陆也有相当的影响。

余：那时候这种书不多，现在则每年都很多。

单：你曾有"译绩"一说，也就是"翻译的成绩"，我算了一下你的"译绩"，到目前为止你总共译了十五本书，其中包括了诗歌八种，戏剧四种，小说两种，传记一种，几乎囊括了所有的文类。请问你在翻译不同的文类时，有什么不同的要求？

余：翻译诗歌当然下的工夫比较多，因为跟我自己的创作有关，相互影响。也就是说，我翻译哪一类的诗多了，那类诗就会影响到我的诗体。当然，我自己运用文字的方式也会带到翻译里面来，那是一定的。至于戏剧，因为是要上演的，所以要顾及演员跟听众。我翻译的戏剧就是王尔德（Oscar Wilde, 1854–1900）的四部喜剧，他写的台词很单纯，不会多用"complex sentence"（复杂句），比较多的是"simple sentence"（简单句）或"compound sentence"（复合句），所以对我的中文反而是另外一种挑战，也就是要怎么样翻得像口语，却又不流俗，因为他用的是伦敦上流社会的口语，所以译成中文也应该比较文雅。

翻译策略与技巧

单：我今年（2012）十月访问爱尔兰，发现当地出版了一些经典语录（quotations），其中入选最多的是王尔德，就是因为他的妙语（witticism）。请问你是如何把他的作品汉化的？

余：汉化当然有各种方式，如果可能的话，我尽量贴近原文，有少数典故我就把它化开了。比如说，在《不可儿戏》（*The Importance of Being Earnest*）中，两个年轻人在一起，忽然有人大按门铃，其中一位就对另外一位说：这一定是欧姨妈来了，因为"只有亲戚或者债主上门，才会把电铃撤得这么惊天动地"。其实原文是："Only relatives, or creditors, ever ring in that Wagnerian manner." 我没有直译成："按门铃按得像华格纳的音乐一样。"因为这个典故中文读者未必能够了解。另外一个例子就是，一个女孩对刚刚向她求婚成功的男孩说："It is rather Quixotic of you." 我就没把这句翻成："啊！你多像堂吉诃德啊！"，而是翻成："你真是痴情浪漫！"

不过除了少数这种例子，我都尽量贴近原文。原文雅一点或俗一点，直接一点或间接一点，我都尽量配合。当然王尔德的游戏文字很多，都是挑战。有的时候不得已，他的双声我就用叠韵来翻，叠韵就用双声来翻，译得比较自由、写意一点。有的地方当然也得迁就中文的习惯，像有个地方是个劳小姐（一位老处女）对蔡牧师说："A misanthrope I can understand." 若直译应该是："一个厌世者我可以了解。"她接着说，"（But） a womanthrope, never!" 这里 "womanthrope" 是王尔德发明的字，根据 "misanthrope" 而来，意思是"厌恶女人的人"。所以我就翻译成："一个人恨人类而要独善其身，我可以了解——一个人恨女人而要独抱其身，就完全莫名其妙！"。"独抱其身"就是抱独身主义嘛，跟前面的"独善其身"pattern（句式）相仿。所以他的文字有的地方我就朝另一个方向发展，这样中文才比较有味道。

单：《不可儿戏》前一阵子在台北"国家戏剧院"用普通话重新上演，我特别前往观赏，之前香港也曾用粤语演出。你刚刚提到翻译剧本时会特别留意演出的效果，这方面能不能多加说明？

余：那个剧曾在香港演出两年，也就是一九八四、八五年，第一年演出十三场，其中八场是用广东话，五场是用普通话。因为是在香港，所以广东话的效果更好。即使是以广东话演出，我的译文也不需要改多少。这是很好的考验，也就是你的译本要能通过导演、演员，看他们欢不欢迎，最后当然是落实在观众身上。

单：是的，演出时稍纵即逝，不像读剧本那样可以一读再读。

余：对，没有 second chance（第二次机会）。读的话可以慢慢想，那是另一种语境。

单：你对演出的结果满意吗？

余：我觉得还蛮受欢迎的，因为一路听到笑声，大、小笑声加起来有二三十次。所以在香港演出之后，一九八五年还到广州演了三场，用的是广东话。然后一九九〇年在台北"国家戏剧院"演了十二场，一九九一年高雄也演过三场，其他像《理想丈夫》（*An Ideal Husband*）在台北也演过。

单：会觉得自己翻译王尔德是棋逢对手、将遇良才吗？

余：王尔德很会讲俏皮话。《不可儿戏》只花了三个星期就写出，我则花了六个星期译出。他只要把他的妙语分配给这几个角色就可以了，所以很快就写了出来。当然，另一方面，他也有戏剧家的 stage craft（舞台技巧），这个就不光是语言的造诣了。也就是说：一个秘密要在什么时候泄露？向谁泄露？这个穿来插去是戏剧技巧、舞台技巧，而不是语言技巧，而他的戏剧技巧也很不错。

单：据我所知，其实你在着手翻译王尔德之前，已经做了很多年的准备工夫。我听周英雄老师说过，几十年前你在师大英语研究所教他翻译的时候就用王尔德……

余：……作为教材。我要他们班上，像是周英雄、余玉照，等等，五六个人轮流翻译。一方面王尔德的剧本情节很有趣味，另一方面也是让学生练习，彼此观摩，尤其里面是浪漫的 courtship（求爱），大学生或研究生正处于这个阶段，所以他们都很喜欢这种教法。

单：是的，这等于是把翻译、戏剧、表演、教学、生活……都结合到一块。那你翻译小说的要求呢？因为小说还涉及叙事和描述。

余：小说跟戏剧相同的地方是也有对话，可是小说的对话不一定是针锋相对，并不是耍嘴皮子那么俏皮。我翻译的小说各有不同。《梵谷传》的对话很多；《录事巴托比》的对话很少，因为巴托比本来就不大讲话；而《老人和大海》几乎没有对话，除了开头和结尾，老人跟海只讲了几句话，中间都是他喃喃自语，跟想象中的大鱼对话，所以情况很不一样。这是小说跟戏剧交叠的地方。当然，小说有写景，有叙事，写景要有感性，叙事要生动，这些也都是考验。不过，译诗译惯了，对于写景就一点也不怕了。至于叙事，因为国人一般翻译抒情诗比较多，叙事诗因为长，很少人翻译，所以叙事也是一个考验。我的位置是中间偏右一点，这个右就是文言，我可能多用一点文言来翻，白话与文言在理论上似乎是 incompatible（不相容），可是有时候用文言来应付英文的拐弯抹角比白话方便一点，像是碰到一句很长的英文，用文言往往比较容易处理。

单：你对于白话与文言有"常变"之说。

余：是的，"白以为常，文以应变"，也就是以白话为常态，以文言来应变。此外，文言也有 relative pronoun（关系代名词），比如说"者"，像"迟到者"，等等，倒是很有用，英译就是 "whoever"，你要是用白话来翻，反而显得很啰唆。所以中文筹码愈多的人，翻译起来愈方便。要是能把握文言、俚语、colloquialism（口语），都是有帮助的。当然，有些困难是很难克服的，像是翻译美国小说时，黑人讲的话要怎么翻译？因为在中文里没有对应的，诸如此类的问题。还有律师讲的话，属于专业用语，这些都是困难之处。不过，翻译者也就像数学家一样，碰到一些难题，像世界三大难题，给你破解了，也算是了不起。

单：刚刚谈的是你的部分"译绩"，而你针对翻译以及翻译体或欧化文字的议题也写过许多文章，像一九九九年合肥的安徽教育出版社出版了黄维梁与江弱水编选的五卷《余光中选集》，其中第四卷《语文及翻译论集》收录了十八篇文章，二〇〇二年北京的中国对外翻译出版公司出版了《余光中谈翻译》，收录了二十二篇文章，并由你的好友散文家、翻译家思果写序。在那之后你还陆陆续续发表了不少相关的文章。在这些论述中，你表达了一些对于翻译的基本看法，比如说，你比较倾向于译文要像译入语（target language），而对译文体有一些批评。

余：译文体就是所谓的 translationese，大部分是负面的字眼，也就是叫人一眼看出来就是翻译，另一种翻译是一眼看来就像创作，这两个极端都不好。因为翻译不单是翻译内容，也翻译表达的方式，如果能多介绍一点到中文里来，也可以 enrich（丰富）中文的语法。所以翻译应该在内容上、形式上都有贡献。如果太迁就译文的读者，就会太油滑，too facile, too easy；如果太迁就原文，又会和读者格格不入。这两个极端都要避免。所以一方面要译文读者觉得你的文字很好，另一方面又要看得出你的译文里有一点原文的长处，那是最理想的。

单：你自己是散文名家，曾说自己想拿散文做实验，"尝试把中国的文字压缩、捶扁、拉长、磨利、把它拆开又并拢，折来且叠去，为了试验它的速度、密度和弹性"。身兼作者和译者的你，会觉得自己在创作时比较放得开，而在翻译时比较拘谨吗？

余：作者遇到自己不了解的东西可以绕道而过，或者根本不碰。身为译者呢，原文已经在那里了，得要交代出来。我的原则是：不要跳过去，原文有的我都翻过来，至于翻得够不够好是另外一件事。前些日子我就问张淑英："你看某某翻译的 *Don Quixote*（《堂吉诃德》）好不好？"她说："很好，very readable（很容易读），可是有些段落跳过去了。"我觉得这个不足为训，因为跳过去就等于是改写，adaptation，就不能 claim to be translation（宣称是翻译）。当初我翻译《梵谷传》时，梁实秋老师说："光中啊，那本书很长啊，你就节译好了。"我心想："你翻译莎士比亚都没有节译，为什么劝我节译？"当然《梵谷传》的作者史东（Irving Stone, 1903–1989）比不上莎士比亚，可是我还是要对得起他啊，对不对？我可不愿意一开头就做一个 adapter（改写者）。

其实，我还有一篇翻译很多人没有注意到，因为那一篇《论披头的音乐》出现在我的散文集《听听那冷雨》，大概是一万字的译文。那是翻译罗伦（Ned Rorem）一篇讨论披头四（The Beatles）的文章，文章写得很好，我也很花气力去翻译，当中有一些地方不好译，因为乐队的名字形形色色。比如说，美国有一些由几个人组成的乐团，其中之一叫 The Association，这很难翻，我就把它翻得江湖一点——"大结义"，从桃园三结义联想起，这样好像跟江湖歌手比较接近一点。

翻译教学

单：你除了论翻译，也教翻译。请问你在哪些学校教过翻译？

余：师大，还有香港中文大学和中山大学。中文大学有翻译系，而且学生可以翻译一本书代替论文。好像中文系也可以用翻译来代替论文，因为我指导过中文系的学生翻译

《杜甫传》。

单：你在不同的地方教翻译，会用不同的方法吗？

余：倒没有不同，大概都用同一个标准，当然香港的学生有时候会用粤式中文。我也在美国教过中文，那是很基本的中文，不过就可以看出中、英文很大的不同。比如说，有一次我考试时出翻译题，题目是："It was raining, wasn't it?"，那些美国学生就翻成："它是雨了，它不是吗？"诸如此类面目全非的翻译。

单：有人说翻译是艺术，没办法教。也有人说，翻译可学，但不可教。请问你是怎么教翻译的？

余：实在是不太好教。我在中山大学至少教了七八次翻译。

单：在硕士班还是大学部高年级？

余：在硕士班，也有些博士生来修。教翻译的过程，我在《翻译之教育与反教育》那篇文章中讲得很详细。一学期如果是十五个星期，我可能前面九个星期教英中，后面六个星期教中译英。这是每星期三小时的课，两小时是笔译，一小时是口译，译王尔德。

单：口译除了王尔德之外，有没有教 simultaneous interpretation（同步口译）？

余：没有。

单：你在军中当翻译官时有没有口译？

余：就只笔译，翻译公文，那时候还有美军顾问团。

单：你在那篇文章中特别提到"眼高"与"手高"，能不能稍微阐释？

余：很多教翻译的老师自己未必翻得好，就像教创作的老师自己的创作也不见得一定很好。因为学者运用的能力是

余光中多年担任梁实秋文学奖翻译类的选题与评审，从笔记本可看出他逐一仔细评分。（单德兴摄影）

analytical（分析的），而创作者的能力是 synthetic（综合的）。比如说，诗中用的比喻很多是综合的，因为牵涉到两样东西。教学则还是分析比较多。

单：是的。另外，批改翻译是很花时间、费气力的。

余：我曾经对学生说：翻译题如果是英译中，我等于是在改你的中文；题目如果是中译英，我等于是在改你的英文。但他们的中文往往不够好。我要他们很认真地写在有格子的稿纸上，一个萝卜一个坑，方便我修改，而且跟学生说："这可能是你们一生中最后一次认真学习如何写中文、如何用标点的机会了。"凡是有错，我都要改过来，如果是用字不当，那还简单一点，改句法就比较复杂，要勾来勾去，或者重写一遍，这最麻烦了。也有人整个句子漏掉，那就要扣分。我的等级分为 A、B、C、D，C 就是警告了，D 就是不及格，大部分是给 B-，偶尔有 A-，那已经是很好的了。

单：你做事总是一笔不苟，包括批改学生作业和担任翻译评审，因为我曾几度参与梁实秋文学奖翻译类的评审，亲眼目睹你对每篇投稿都仔细阅读并且评分。就你所教过的台湾和香港的学生相较，中文能力有差别吗？

余：两边都有好有坏。对英文的了解，大概香港的学生好一点。我教翻译的整个过程为：第一个星期由我出题，第二个星期学生交作业，第三个星期我把改好的作业发还给他们，第四个星期他们把我改的重抄一遍交来，第五个星期我把重抄的改好发还给他们，没有错的当然就不改了。所以一个轮回要五次往返。一般的教学情况是老师改了、批了个分数之后，学生就不看了。为了避免出现这种情形，我就强迫学生再抄一遍。而且我告诉他们，如果重抄的时候想到更好的译法，就用自己想到的，不一定要完全抄我改的。经过这番学习，有些学生看得出有进步，但遇到中文很差的学生，那就没办法了。不过我觉得一个学期的时间不够，一学年可能会好一点。另外，中山大学外文所硕士论文也可以用翻译代替，译文至少要八十页，前面要有 critical introduction（绪论）。

单：绪论是用英文撰写吗？

余：对。英文绪论至少四十页，加上中文翻译，分量也满重的。这样的论文我指导过三个人：林为正翻译吴尔芙（Virginia Woolf, 1882-1941）的《心屋魅影》（*A Haunted House*），何瑞莲翻译莱斯贞（Jean Rhys, 1890-1979）的《黑暗中的旅行》（*Voyage in the Dark*），傅钰雯翻译贝娄（Saul Bellow, 1915-2005）的《可翠娜的一天》（*What Kind of Day Did You Have?*）。最后那本译得很好，应该拿去出版，因为我改过了，应该还 presentable（上得了台面），而且贝娄的作品是不错的。

翻译评论

单：除了教翻译之外，你还评论翻译，尤其是二〇〇二年出版的《含英吐华：梁实秋翻译奖评语集》，最近一篇译评则是刊登在二〇一二年八月号《印刻》有关台大文学翻译奖的评析。

余：梁实秋翻译奖我从开头便参加，前后有二十几次，花了不少工夫。

单：《含英吐华》这本书收录了二十几年的评语，一年一篇，其中又评翻译、又改翻译、又示范翻译，看怎么样能把原作翻译得更好，是很具特色的 practical criticism（实际批评）。

余：我在别的场合也有这样的实际批评，比如说，我评过美国汉学家白之主编的《中国文学选集》（Cyril Birch, *Anthology of Chinese Literature*），指出他们有些中文翻译不对。有些时候汉学家实在是……中国古典文学好像是他们的殖民地。艾略特（T. S. Eliot, 1888-1965）甚至鼓吹说，庞德（Ezra Pound, 1885-1972）发明了中国古诗。我常常批评庞德，不管他的英文诗写得多好，但他随随便便翻译东方文学实在不应该。他们犯的都是明显的错误。穆旦（1918-1977，本名查良铮）的错误也多得很，像是有名的《夜莺颂》的最后一段："Forlorn! the very word is like a bell / To toll me back from thee to my sole self!"原意是："寂寞啊！这字眼像一记钟声／敲醒我回到自身的孤影。"他翻译成："啊，失掉了！这句话好比一声钟／使我猛省到我站脚的地方！"他以为这里的"sole"是"脚掌"的意思，这个就是英文不好。翻译得不对的地方，是无可抵赖的，你要去提醒他；如果是见仁见智的地方，就不必了。要抓就抓这种绝对的错误。

单：证据确凿。

余：白之就有这样的错误。

单：即使是汉学家，在翻译中国古典诗词时，格律、韵脚……

余：……完全不管。我给学生练习的中译英大半都是陶渊明的《桃花源记》、韩愈的《杂说》，等等，他们看到这些都很怕，我就安慰他们说："不要怕。汉学家也只不过走在你们前面几步而已。"

单：以你评审诗歌的标准——这里主要来自你有关英诗中译的要点，像是句长或行长、句法、文法、用韵、语言的掌握、抑扬顿挫——来评论那些汉学家的翻译，恐怕都不及格了。

余：英诗中译最大的缺失就是句长往往失控，不是翻得太短，就是翻得太长，或者前后长短差别太大，这就给人不像诗的感觉。当然，如果翻译的是自由诗，句子本来就有长有短，那就无所谓。如果原文是格律诗，句长的控制就很要紧。如果原文实在很复杂，中文十个字就是交代不了，那就只好牺牲意义最轻、可有可无的字。我不愿意把这一行的意思在第二行补足，因为这样子又侵犯了第二行本文的意思。所以句长往往是一般人最难掌握的。至于句法，要顾及中文的习惯，太离谱的也不行。很多地方在翻译时被动可以变成主动，自己要斟酌，但如果一律变成主动，就又太油滑、太屈就于读者了，还是失真了。文法当然也包括句法，两者不太好分。比如说，我翻济慈（John Keats, 1795–1821）的十四行诗，有些诗句必须倒过来译才行。我常常举的一个例子就是莎士比亚的诗"Let me not to the marriage of true minds / Admit impediments"，英文可以这样表达，但中文不行。因此，我最强调的翻译的问题就是句法的问题。另一个我觉得比较次要的问题就是名词的译法，而苏正隆就很强调这些，像是"maple"不该译为"枫树"，诸如此类的事。我主要要解决的是文法、句法的问题，因为这是最大的问题，其次才是单独的字眼该怎么翻。

用韵是一大考验，很多人用得不好——或者是不会用韵，或者用的韵太走音。像浙江大学的江弱水指出，穆旦是用浙江话来押韵，那就不行。徐志摩也有这个问题。像"寒酸"，他们讲"寒碜"，穆旦译成"寒仓"，其实"寒仓"也不像浙江话，追根究底就是他自己中文不好，译了别字，拿"寒碜"来押尢（ang）的韵，那就糟糕了。用韵对诗人是一大学问，用得太油滑，就变成好莱坞的歌曲，像是"I love you. I love you. I hope you love me, too. Yes, it's true. It's true."这种是很小儿科的。语言的掌握包括雅与俗的问题、平易与深奥的问题，当然这也是另一种考验。至于节奏方面，如果原文起起伏伏，译文也要跟着起起伏伏。原文是高潮，译文也要跟着高潮。

单：你在《文法与诗意》一文挑战"唯诗人始可译诗"的迷思。一般人自认没资格批评这个长久以来的说法，但你是诗人，又是翻译家，有本钱来批评这个迷思。

余：因为很多诗人写的是自由诗，没有格律诗的警觉，没有格律诗的 practice（实作），一旦要他翻译格律诗就没有办法了。格律诗就是在一个小的空间里面要能够回旋天地，要能够 maneuver in a limited space，这就是一大技巧了。

单：刚才讲用韵，是指注音符号的韵？古代诗词的韵？还是中华新韵？

余：我觉得应该用现代人说话的音。古代人是按照词谱来，我们不是写旧诗，就不需要采用那种韵。像古诗一东、二冬还有差别，对不对？白话诗在听觉上是一种和谐的呼应就够了。偶尔出现押得不正也无所谓，但如果经常押得不正就很不好。其实英诗本身也常不协韵，例如 love, move; heaven, given; glee, quickly。

单：我看你翻译济慈的诗，要完全符合原诗的韵脚也有困难。

余：有时候济慈是用 Spenserian stanza，也就是 ababbcbcc。有时翻译没有办法完全照着他的用韵来押韵，可是至少要让读者在读译文的时候看得出这是一首押韵的诗。至于韵的次序是不是完全正确，这倒可以稍微通融，不过只要有可能，我总是追随原诗的用韵。

编译与转译

单：会不会觉得译诗比自己写诗还辛苦？

余：可是译诗比较不需要有 original idea（创意），因为你面对的是已经完成的艺术品，只要尽量去接近它就好了，翻译是 an art of approximation（近似的艺术）。至于自己写诗，你写的主题就是原文，你的诗反而是译文，要把你的 idea 翻译出来，那又是另外一回事了。

单：根据我手边的资料，你总共编译了八种诗选集：

1960 *Translations from English Poetry*《英诗译注》

1961 *Anthology of American Poetry*《美国诗选》

1961 *New Chinese Poetry*《中国新诗集锦》

1968 *Anthology of Modern English and American Poetry*《英美现代诗选》

1971 *Acres of Barbed Wire*《满田的铁丝网》

1984　*Anthology of Modern Turkish Poetry*《土耳其现代诗选》

1992　*The Night Watchman*《守夜人》（增订二版，2004）

2012　　《济慈名著译述》

余：不过《美国诗选》不能算，因为我大概译了其中的五分之二。

单：但也是六位译者中译得最多的一位了。

余：对。《满田的铁丝网》后来变成《守夜人》，所以也不能算两本。《英美现代诗选》等于有点是在编，不过不是如自己的意愿在编，而是就自己已经翻译的诗来编。《土耳其现代诗选》则是从英文转译的。

单：能不能谈谈转译？

余：因为你不懂第一手的原文，而英文本已经是译文了，所以会觉得 you have more freedom to improvise（有更大的挥洒空间），因为谁晓得英译是不是忠于原文，当然也不能轻视它。所以我花了一个夏天把《企鹅版土耳其诗集》（*The Penguin Book of Turkish Verse*）中的现代诗选译成中文，觉得也很值得，因为这种少数民族的文学应该有人介绍。当然我不能拿这个作为主要的译绩。

单：不过就像李进文那篇文章所说的，由于以往信息普遍不发达，《英美现代诗选》在当时是开风气之先，你的译作，包括对作者的生平简介、诗风介绍、艺术观、文学观，等等，发挥了蛮大的译介功效。

余：我只有在自己对诗有特殊看法时才敢下一些断语，一般都是根据已有的书上的意见，把它介绍过来而已。也就是说，除了一般的介绍之外，只有 poetic critic（诗评家）才能做这种事，这时就不只是介绍，而是评介了。

单：所以你参考了一些英文数据……

余：我是尽量看。有时候我选择性地转述他们的意见，有时候则是我自己的断语。

单：《土耳其现代诗选》和你从英文翻译过来的其他诗相较，会不会更有异国风味？

余：这要看专有名词，像是地名和人名。比如其中有一首一百多行的长诗，我觉得他们那种写法相当灵活。有些诗看不出是不是格律诗，也许原来是格律诗，但英译本把它自由化了，这就很难判断。甚至有的诗我还引用到自己的散文里，像是《记忆像铁轨一样长》最后就用上了土耳其诗人写火车的那八行诗。①

自译与他译

单：除了转译以外，你还有自译，像《守夜人》就是你"译绩"中比较特殊的自译诗。

余：是，很少人自译。西方成名的诗人比较少做这种事情，一时想不到有什么先例。在当前全球化的浪潮下，非主流语言的作家往往会翻译自己的东西。若你是小说家，通常就有很多人会帮你翻译，相形之下，诗人就比较少。

单：有关自译，你为《守夜人》所写的序言很有意思：翻译自己的诗总不会有"第三者"来干涉，品评译得对或错。

① 该文引用了土耳其诗人塔朗吉（Cahit Sitki Taranci, 1910-1956）的《火车》（"The Train"）一诗："去什么地方呢？这么晚了，/ 美丽的火车，孤独的火车？/ 凄苦是你汽笛的声音，令人记起了许多事情。/ 为什么我不该挥舞手巾呢？/ 乘客多少都跟我有亲。/ 去吧，但愿你一路平安。/ 桥都坚固，隧道都光明。"

余：这本自译诗集我最近会再改编，拿掉两三首，再增加十几首。

单：请问拿掉和增加的标准是什么？

余：拿掉的是自认译得不好的，或者也有其他考虑，增加的则是一些新译。

单：我曾经比较《双人床》的两个英译，一个是你的自译，另一个是叶维廉的翻译，结果发现不管在节奏、行数或句型上，他的英译都比你的自译更忠实于中文原诗。而你因为是 author（作者），反而觉得更有 authority（权威）针对英文读者放手去翻译或改写。

余：叶维廉有他自己的诗观，像是认为诗最好没有主观的判断，只有客观景物的呈现，并举王维为例。但王维因景生情，只是唐诗的一种写法，像杜甫和李白就有很多主观判断的句子。因此他的诗观当然也是一种说法，可是未必 generally applicable（普遍适用）。他比较强调直译，可能也是因为这个关系。

单：请问你的诗有多少外语译本？

余：很少，德文本（《莲的联想》，1971）算是例外，另外最近还有一个韩文本，此外都是和别人一起收录的选集，有一个日文本收录了我、郑愁予、杨牧、白萩四个人的诗。我最近在杭州碰到一位旅日中国诗人田原，他在日文界是翻译中文的一个名家，他就发现有很多台湾诗人的专集有日译本，但没有我的，所以他说要帮我翻译。我的诗作外译的很少，其中恐怕有一个原因，就是那些译者认为你自己都会译嘛，我何必来翻译，免得译出来之后你会不接受，可能有这层关系。

单：你懂韩文吗？

余：不懂，但我还是看得出译得是不是很忠实。因为我知道原文题目是什么之后，再看行数是一样的，长短也和我原诗差不多，就知道至少在形式上是比较忠实的，没有用 free hand（信手）来译。

单：这样身为被译者，会不会稍微感受到被你翻译的英文诗人心中的欣喜、焦虑或期盼？

余：我想这个有差别。西方主流语言的那些作家被人家翻译，未必会那么高兴，因为他们被译的机会太多了。反过来说，像我们亚洲作家被翻译成西方主流语言，会是比较难得，因为全球化基本上只是西方化而已。

单：确实如此。

翻译推广

单：你另一个重要角色是推广翻译。记得你多年前在政大担任西语系系主任时，就以一系的经费来举办全校中英翻译比赛，我就是从那个比赛开始尝试翻译，培养出浓厚的兴趣，后来多年从事翻译与翻译研究。你在这方面更大的影响就是这二十五年来的梁实秋文学奖翻译类，以及这两年的台大文学翻译奖。身为翻译的推广者，你的动机如何？实际的作为和成效又如何？

余：音乐、绘画比较有国际性，但语言本来就是民族性的，为了促进世界文化交流，我想每个国家都需要翻译。既然要翻译的场合很多，所以就需要推广。比如所有的宗教推广，像是佛经、《圣经》《古兰经》，等等，都要靠翻译。翻译根本就是文化传播的一大宗，这是很自然的事情，因为世界上不能读原文的人太多了，即使学问好的人，也不能通晓所有的语文，总要靠翻译。因此，纪德（André Gide, 1869-1951）有句名言："每一位优秀的作家在一生中至少该为祖国翻译一部优秀的文学名著。"

单：你提倡翻译奖，跟当初参加《学生英语文摘》翻译比赛得奖的经验有关吗？

余：那当然也是一种鼓励。

单：你当初参加翻译比赛，之后也借由奖项来提倡翻译，像是梁实秋文学奖翻译类，这二十五年来你一直都扮演着最关键的角色。

余：是的，以梁实秋文学奖翻译类为例，打一开始我就参与了命题与评审。而且，除了颁奖之外，还要写评语，这个评语不是三五句而已，而是很深入的，甚至要告诉他们要怎样翻才会更好。这种奖项应该对社会有相当的作用。

单：梁实秋文学奖至今已经举办了二十五届，整整四分之一个世纪，回顾起来，你对这个奖有什么看法？

余：恐怕世界上，至少在华文世界，我不记得有哪个翻译奖办这么久的，普通大概是三五年。尤其在早年，抗战一来或是内战一来就中断了。而且这跟翻译的内容也很有关系，必须是在政治变化少的地方，否则政权变来变去，翻译的内容都会受影响。台湾这二十几年来相当安定，这个奖能维持这么久不容易，我希望能够一直办下去。

单：经过二十五年之后，接下来要由台师大接办，等于梁实秋回归到他曾经任教多年的学校，在这方面独具意义。

余：要看他们请谁来评审了，关键在这儿。

单：你曾在文章中提到翻译的"三合一"身份：作者—学者—译者。金圣华有一篇文章《余光中：三"者"合一的翻译家》就是专从这三个角度来讨论你。

余：这个"三合一"的现象恐怕在台湾多一点，大陆少一点，所以王蒙曾经说过：中国（他指的是大陆）的作家应该学者化，也就是多读书，甚至于多读翻译评论，这些都是对创作有帮助的。

单：如果回到基本的问题，你认为翻译的本质与作用是什么？译者的角色如何？

余：译者的角色是普及者，促进文化的交流。

单：有没有所谓理想的译者？如果没有的话，好的译者有没有什么基本条件？

余：我们只能说更好的译者，而不能说完美的译者。这个很难说，译文可能比原文好，或者比原文差，因为译者可能把难的地方跳过去或边缘化了，等等。如果译得不够好，当然不理想，译得太好了也不行，就是要跟原文很接近。原文比较粗，译文也得粗一点，原文比较细，译文就要细一点，是不是？所以我觉得译者并不一定是把译入语运用得最好的人。

单：能不能比较一下台湾、香港、大陆的翻译？

余：大陆的翻译我看得比较少，因为我宁愿去看原文，除非担任评审，才会去比较译文跟原文。另外有一种现象就是，我看那些地方的文章，许多在文体上根本就是翻译。

单：有没有哪个地方的翻译体特别严重？

余：这个祸害香港和台湾都难免，不过大陆比较严重。因为他们以前要读的经典是翻译过来的，而且他们所推崇的鲁迅提倡直译。

单：你回想起来，有没有代表译作，或者心目中比较好的翻译计划？

余：我有的翻译是被动的，有的是主动的。像翻译《美国诗选》就是被动受邀，主动翻译的有《梵谷传》《老人和大海》，还有诗选，并没有所谓的代表译作。创作可能江郎才尽，翻译却应该是会愈老愈好，因为有经验的累积，译者大概不大容易江郎才尽。

另一方面，我觉得翻译这件事，"国科会"介入是对的。国家应该更重视翻译，不管是在预算或升等方面，如果翻译也能作为升等的重要参考，很多学者就不会完全不从事翻译。

单：请问你对翻译的未来有何看法或期许？

余：因为全球化的缘故，翻译在未来应该是会愈来愈普及，但翻译可能是没有办法完全国际化的，因为翻译的本身就是局部化，把外文作品翻译成本国语文，所以将来会更需要翻译，甚至于最流行、最普遍的电视节目的访问、对话，还有电影的说明，等等，都是翻译，这些有的时候还翻译得蛮好的。

翻译策略与译者地位

单：翻译中长久存在着有关直译与意译的争辩，但你对这种二分法好像不太同意？

余：是的，我早在《英美现代诗选》中就表示过："对于一位有经验的译者而言，这种区别是没有意义的。一首诗，无论多么奥秘，也不能自绝于'意义'。'达'（intelligibility）仍然是翻译的重大目标；意译自有其存在的理由。然而文学作品不能遗形式而求抽象的内容，此点诗较散文为犹然。因此所谓直译，在对应原文形式的情形下，也就成为必须。在可能的情形下，我曾努力保持原文的形式：诸如韵脚，句法，顿（caesura）的位置，语言俚雅的程度，等等，皆尽量比照原文。"我现在还是维持这样的看法。

单：另一方面，就异化与归化这两种翻译策略而言，你在多篇文章中指出欧化语法的不妥，主张译文要像译入语，要避免翻译体。所以在这两者之间，你是比较偏向于归化？

余：是的。这是现在翻译理论上的一个焦点。比如我刚才讲的，王尔德的剧里按电铃像华格纳那一句台词，我就把它改了，这在人家看来就是归化。不过也要看情形，看设定的读者是谁，是要给行家看的呢？还是要普及、要启蒙？那可能决定不同的作法。

单：像今日世界出版社那套美国文学译丛以及流行的《读者文摘》，基本上是以一般中文读者为对象，所以倾向于归化，要求译文要像中文。有这个背景的思果（蔡濯堂）就倾向于归化。

余：那是因为其目标是一般读者。这中间还有一个问题，就是文学批评该怎么翻？文学批评的对象当然都是 high brow（上层读者），像《中外文学》就充满了那样的翻译与术语连篇的表达方式。

单：此外还有可译与不可译的问题。

余：大致上来说，诗歌的意象比较可译，音调比较不可译。因为语言基本上是比较民族性的，所以像音调这种具有民族性的东西就比较不可译。意象则不一定，因为一个突出的意象，换成另外一种语言时，可能还是很突出。

单：翻译还牵涉到很多实务方面的问题。

余：理论应该落实到实务上，以我而言，如果我自己有什么理论、什么基本的看法，都是我经验的归纳而已。

单：是的。再就译者的地位来说，你多年前就为译者打抱不平，指出一般人认为译者在创意上不如作家，在研究上不如学者，以致译者的地位低落，也未能获得学术上的肯定。你觉得这个情况如今有改善吗？译者的地位提升了吗？

余：这里还牵涉到另一个问题，像"国科会"经典译注计划针对的是经典之作，而跟当代潮流有关的作品，像村上春树啦，则不包含在内。当然潮流可以变成经典，但这要由时间来决定。简单地说，流行与否，由市场决定，可是权威与否，应该由国家的文化与学术当局出面。比如说，给学者足够的时间与报酬，让学者能皓首穷经，十年磨一剑。如果要他在三个月内翻译一本村上春树的作品，那是可能的，但要翻译但丁（Dante, 1265-1321）或绥夫特（Jonathan Swift, 1667-1745），那当然就没办法。我觉得涉及经典或快要失传的东西，像昆曲，政府应当介入，予以适当的关照。

单：翻译与学术建制的关系是你几十年前就关切的议题。现在以你身为翻译大家、文坛大老的身份，有没有什么呼吁？

余：应该要有机关用足够的经费来赞助翻译，让译者能够放下其他的工作，专心于翻译。如果翻译的待遇够好的话，花三五年甚至更长的时间来翻译外国的经典，这是很正面的事。

翻译计划

单：如果你的时间和体力允许，还想翻译哪些作品？

余：我希望至少再翻译两本书。

单：哪两本？

余：其中一本就是希腊裔西班牙画家葛雷柯（El Greco, 1541-1614）的传记。[①]

单：为什么想翻译这本书？

余：因为《梵谷传》的影响不错，我想再翻译一本画家的传记。相关的学术研究比较枯燥，但画家传记一般读者会比较有兴趣，对画家也有鼓励作用。因为我对画知道得多一点，对音乐则比较外行。另外想再翻译一本小说，不过有名的小说大概都被翻译了，也许就翻译诗，一些长一点的诗，比如苏格兰诗人彭斯（Robert Burns, 1759-1796）的《汤姆遇鬼记》（"Tam o'Shanter"），这是一个幽默的苏格兰民俗故事。类似这种一两百行，甚至三百行的诗，至少再翻译三五篇吧。

单：像你翻译济慈的长篇叙事诗，就很不简单。

余：济慈的好诗，我几乎全译了。而他比较长的诗，像 *Endymion*（《恩迪米安》）之类的，并不是很成功。济慈这位经典诗人我已经翻译得差不多了，或者我再翻译一点丁尼生（Lord Alfred Tennyson, 1809-1892）或者哈代（Thomas Hardy, 1840-1928）的诗。我想要选些比较叙事的诗，因为中国的新诗、现代诗大都是抒情的，所以多翻一些叙事诗，让我们的诗人可以借镜，应该会有一点帮助。

----

① 根据张淑英教授二〇一三年一月十五日电子邮件，"葛雷柯"在西班牙文的字义是"希腊人"。此人原名 Doménikos Theotokópoulos，自希腊前来西班牙，起初未受国王腓力二世（Felipe II, 1527-1598）重用，抑郁不得志，西班牙人不知如何称呼他，干脆称为"那个希腊人"。

翻译与创作

单：你提到翻译可提供创作者借镜，这又牵涉到翻译和创作之间的关系。一般人认为从事翻译的人欠缺创意，不过你很早之前就反驳这种看法了。

余：创作、翻译、抄袭，这三者之间的关系很吊诡。整段都一样，当然是抄袭；如果部分相同，部分不太一样，或者是一种 improvement（改进），那就不全然是抄袭，也不全然是模仿，而是受到启发。还有，同样一篇作品三个人翻译得都不一样，可见个性和修养还是对译文有影响的，对不对？否则忠实的翻译应该三个人翻出来是一样的，结果却不一样，可见这中间多多少少就有创作的成分。

我的翻译可以倒过来影响我的创作。比如我有一个时期翻译狄瑾荪的诗，那个时期我就写了不少类似句法的诗，有点受她的启发。所以翻译可以倒过来影响译者创作的风格。同样地，作家从事翻译时也自然会把自己的风格带入译作中。因此，彼此之间是互相影响的，甚至于我的英文都会倒过来影响我的中文，但我的中文当然不会去影响英文，因为英文是学来的。

单：你先前提到翻译可以达到 enrich（丰富）的效果，对你来讲，创作和翻译其实就是 mutual enrichment（彼此丰富）？

余：应该是这样。现在还有一种理论，认为应该以作者当时代的语言来翻译，像莎士比亚是四百多年前的人，中译时就该以四百多年前的中文表达方式来翻译。用一种很假的 archaism（古语）来翻译外国几百年前的经典之作是不是好呢？

这个都是可以讨论的。当然，现在很多改编把莎士比亚的台词变得像当代的嬉皮，类似的情形也是有的。所以翻译实在是讨论不完的有趣议题。

单：你对翻译或译者有什么期许？

余：译者往往是学者，甚至也是位作家。我觉得学者如果能认真翻译，对于做学问是很有帮助的，因为可以使学问落实。作家若是能分出精力来翻译，不但对他的社会有帮助，对个人的文体也一定有帮助。所以学者也好，作家也好，就算自己不出手翻译，能够选几本好的翻译来看，对自己也是有帮助的。

单：你曾说过自己"写作生命的四度空间""四张王牌"：诗、散文、翻译、评论。如果以这四项而言，你会如何看待自己将来在文学史上的地位？

余：文学史大概会注意作家的创作，翻译可能是次要的考虑，譬如雪莱也翻译过不少东西，可是人家研究的大都是他的创作，详尽一点的文学史才会提到他的翻译成就，一般的就不提了。

单：外文系的老师经常会主张外文系的学生应该读原文，不要读翻译。但是就台湾的外文系学生而言，要他们用原文来读经典之作，有时会有困难。所以你觉得外文系的学生应该完全看原文，还是可以参考译本？如果参考的话，要参考到哪个程度才不致妨碍他们学外文，而是有助于他们更了解原文？

余：为了应急，比如说要考试了，或是要一个 quick reference（快速的参考），看翻译比较快，看原文到底比较慢一点。美国学生往往考试到了就找译本，甚至找电影来放一放。这个当然是不正当的代用品，不很可靠。我觉得可靠的、踏实的翻译比二三流的创作更重要、更有启发。如果那个翻译前面有序，后面有注解，交代得很清楚，那么这个译者同时也就是个研究者。最糟糕的是前面没有序，后面又没有注解，没来由的就出现翻译，像是电影脚本或说明书，这是很不负责任的，多少都要有一点交代才行。翻译是要做功课的，像我翻译《梵谷传》，里面出现了许多跟梵谷有来往的画家，就应该多少了解那些画家是做什么的，他们跟梵谷的互动如何，那对翻译一定有帮助。

单：是的，我看你最近由九歌出版社重新出版的《梵谷传》，后面附了许多画家的信息，比较有名的画家附了很长的注。你还特地画了一张梵谷行踪原图附在书里。

余：这多少是个 scholarly attempt（学者式的尝试），试着以地图来说明。而且那本书后面的画家条目等于是一个小词库，按照姓氏字母次序排列，是我看了很多书之后才下笔的。

单：回到先前有关译本使用的问题：如果外文系学生的英文普普通通，但要读王尔德，你觉得他们应该怎么办？是读你的译本？还是把你的译本跟原文对照着读？

余：如果为了应急，或是纯欣赏的话，读我的译本就可以。但是如果是主修外文的学生，对照原文才能得到更多的益处。

单：如果是学翻译的呢？

余：那就更要中英对照了，应该会有点收获。另外，像是《济慈名著译述》里有大概五六页专门告诉读者该怎么读济慈的诗，这就比较是学者的方式了。

单：是的，那也就是为什么今年（二〇一二）四月中旬在那本书的新书发表会上，我特别提到你想借着绪论与翻译把金针度与人，一方面我当然知道，能不能学到其实要看读者的努力与悟性，但另一方面，我们看得出你苦口婆心，使出浑身解数，希望能把自己的心得传授给读者。

余：你当时也问到要不要为济慈诗中的典故加注解，其实他诗中的典故实在是太多了，而且我当时在时间上也来不及，就留给读者自己去翻辞典、参考书了。

单：我们师生结缘四十年，都没有像今天这么深入交谈，从各方面了解你对翻译的看法。非常谢谢你今天接受访谈，分享多年的宝贵经验与心得。

后　记

余老师在访谈中提到，他就读金陵大学外文系一年级时曾翻译贝西尔的剧作《温坡街的巴蕾特家》，场景就是伊莉萨白·巴蕾特（即后来著名女诗人布朗宁夫人）的故居。我于次年（二○一三年）六月访问伦敦时，特地走访其位于西敏市（City of Westminster）温坡街五十号的故居，高墙上有一块赭红色匾牌标示女诗人一八三八至一八四六年居住于此，但现已成为伦敦大学学院（University College London）心脏科医院，不对外开放。至于两人秘密结婚的教堂（St Marylebone Parish Church），特辟一布朗宁室（The Browning Room），彩色玻璃缤纷鲜艳，上有文字标示两人"一八四六年九月十二日在此教堂庄严成婚"（此彩色玻璃成为《伦敦文学行脚》（*Walking Literary London*）导游书的封底照片）。我在两地拍照留念，回国时趁赴中山大学参加余光中人文讲座咨询委员会议时，将照片当面赠送给余老师，令他颇为惊喜。

附录：余光中译作目录

1957　史东（Irving Stone）著：《梵谷传》（*Lust for Life: The Story of Vincent van Gogh*），台北：重光文艺（1978年大地出版社改版；2009年九歌出版社重新出版）。

1957　海明威（Ernest Hemingway）著：《老人和大海》（*The Old Man and the Sea*），台北：重光文艺（2010年南京译林出版社重新出版，易名为《老人与海》）。

1960　《英诗译注》（*Translations from English Poetry* ［*with notes*］），台北：文星。

1960　《中国新诗集锦》（*New Chinese Poetry*），英译，Taipei and Hong Kong: The Heritage Press。

1961　张爱玲、林以亮、余光中、邢光祖等译，林以亮（Stephen Soong）编选：《美国诗选》（*Anthology of American Poetry*），香港：今日世界出版社；台北：台湾英文杂志社，1988。

1968　《英美现代诗选》（*Modern English and American Poetry*），两册，台北：学生。

1971　余光中著及英译：《满田的铁丝网》（*Acres of Barbed Wire*），台北：美亚出版公司。

1972　梅尔维尔（Herman Melville）著：《录事巴托比》（*Bartleby the Scrivener*），香港：今日世界出版社。

1983　王尔德（Oscar Wilde）著：《不可儿戏》（*The Importance of Being Earnest*），台北：大地（1984年香港山边社重新出版；2012年九歌出版社重新编排发行）。

1984　贝雅特利（Yahya Kemal Beyatli）等著：《土耳其现代诗选》（*Anthology of Modern Turkish Poetry*），台北：林白。

1992　王尔德著：《温夫人的扇子》（*Lady Windermere's Fan*），台北：大地；沈阳：辽宁教育出版社，1997。

1992　余光中著及英译：《守夜人：中英对照诗集，1958-1992》（*The Night Watchman*），台北：九歌（增订二版，2004）。

1995　王尔德著：《理想丈夫》（*An Ideal Husband*），台北：大地。

1998　王尔德著：《〈理想丈夫〉与〈不可儿戏〉：王尔德的两出喜剧》（译自 *An Ideal Husband* 及 *The Importance of Being Earnest*），沈阳：辽宁教育出版社。

2003　《余光中短诗选》，中英对照，香港：银河出版社。

2008　王尔德著：《不要紧的女人》（*A Woman of No Importance*），台北：九歌。

2012　济慈（John Keats）著：《济慈名著译述》，台北：九歌。

齐邦媛与主访人摄于"最后的书房"。（单德兴提供）

翻译面面观

齐邦媛访谈录

主访人：单德兴

二〇一一年六月二十日

桃园龟山长庚养生文化村

前　言

　　此访谈进行时，高龄八十八的齐邦媛教授与翻译结缘已超过四分之三个世纪。她从十岁左右开始阅读翻译文学，后来阅读父亲齐世英先生主编的《时与潮》杂志中的翻译。抗战期间就读武汉大学外文系，受教于朱光潜、吴宓等名家。来台后曾兼任"故宫博物院"英文秘书，担任笔译与口译，后来又在东海大学、台湾大学等校讲授翻译。在"国立编译馆"担任人文社会组主任时，除了致力于教科书改革，也大力推动中英翻译，既精选译介西洋经典名作，也积极向国外译介、推广台湾文学，编译、出版两册《中国现代文学选集》(*An Anthology of Contemporary Chinese Literature*)。在担任"中华民国"笔会季刊主编期间更是不遗余力，多年如一日。后来与王德威教授为哥伦比亚大学出版社合编"台湾现代华语文学"(Modern Chinese Literature from Taiwan)系列，已出版数十册英译本。晚近又因回忆录《巨流河》的翻译(日译本于二〇一一年六月下旬出版，英译本也正在进行中)而成为被译者。这种种不同的角色使得她对于翻译有着全方位的深切体认。

　　二〇一一年五月，我应《编译论丛》轮值主编张嘉倩博士之邀，以翻译为主题对齐老师进行专访。由于彼此手边都有些工作亟待处理，尤其《巨流河》在中国大陆出版后屡获大奖，各方邀约与采访不断，于是相约于六月二十日前往她已居住数载的桃园龟山长庚养生文化村。这几年来为了齐老师《巨流河》一书的撰写与出版，我除了多次电话连络，并曾数度前来。

做事一向慎重的齐老师要我先整理出问题供她参考，于是我复习她的生平，阅读她一些讨论翻译的文章，并搜集她编译的一些作品，整理出四页的问题，于访谈前几天传真给她。访谈当天上午，我与黄碧仪、朱瑞婷两位助理前来齐老师笔下的"最后的书房"，寒暄过后，正式进行访谈，并请助理协助录音、录像和拍照。

当天齐老师的身体状况其实并不很好，前两天大都卧床静养，为了我们到来勉强打起精神接受采访，但话匣子一打开就又侃侃而谈，其间几度起身去拿资料。访谈一直到十二点半才结束，她盛情邀请我们三人共进午餐，餐后再回房间，拍了一些照片，结束这次访谈。访谈录音由黄碧仪和朱瑞婷两位小姐誊打，经我和陈雪美小姐顺稿，由齐老师过目后定稿。

与翻译结缘

单德兴（以下简称"单"）：你毕生与翻译结缘，先后扮演过不同角色，从早年的纯读者与学生，到后来担任口译，讲授翻译，又多年扮演译者、编者、学者的角色，现在你的回忆录《巨流河》被译成日、英等重要外语，又成为被译者。因此，你与翻译的关系既长、又深且广，先后扮演了多重角色，经验丰富而且特殊。能不能请你谈谈最早是如何与翻译结缘的？

齐邦媛（以下简称"齐"）：为了准备你的访问，我仔细一想，其实我百分之五十以上的文学教育是从翻译来的，因为我从十岁左右就开始读林琴南的翻译。林琴南的翻译真是很特别，他的古文非常好，所选的西方材料也都是重点。

单：像是哪些翻译？

齐：像是《巴黎茶花女遗事》，他选的许多都是很罗曼蒂克的故事。我那时年纪小，也不知道别的，就是很喜欢看他的中文——他的中文真是好，是很古典的古文，对我的中文有些帮助。从十岁到现在，已经七十多年了，我想翻译小说对我影响最大。最早读的还有《简·爱》《小妇人》等，上中学以后，又迷上黎烈文翻译的《冰岛渔夫》。

《冰岛渔夫》的故事取材自法国布列塔尼北部地区的渔村，那对我们中国人来说真的是天涯海角，小说中的境界，有关海洋的描写，都是我们在中国大陆不可能想象的事。所以这样的文学带着真正活的东西进来。它里面讲的女孩和男孩的爱情，是发乎情、止乎礼，并不像现代的西方小说那样马上就跳入性的方面，而是用情维系，所以当时的中国读者都能接受。我当时才十几岁，一点都没有感觉受不了。《冰岛渔夫》对我影响很大，不单单是文字，还有许多的境界和构思，而且那个叙述的调子，在我们当年来讲是非常棒的，尤其那个男生跳舞的时候，英挺得像一棵橡树（oak tree），所以我每次看到橡树就会想："人长得这样，多漂亮！"我当年的感受真的是很强烈。

单：你也曾经跟我提过阅读法国拉马丁（Alphonse de Lamartine, 1790–1869）的小说《葛莱齐拉》（*Graziella*, 1852）中译本时的特殊感受。

齐：是的，那简直是日思夜想的事，不光是文字，还有境界。《葛莱齐拉》的中译本大概是译者选译，应该是抗战前、一九三〇年左右出版的。这本书是散文诗体小说，吟咏一个旅行到意大利拿坡里海湾的十八岁法国青年，与当地渔夫的十六岁孙女的爱情，女孩因他离去，忧伤而死。这部作品我甚至想印出来给现在的学生作个挑战，看他们是不是也会受到感动。

单：这些是文学翻译。令尊齐世英先生当时主编的《时与潮》杂志里也有不少其他类型的翻译。

齐：《时与潮》中有关时事和思想的翻译，大大拓展了我的视野。我父亲后来还办了一份《时与潮文艺》，内容很精彩，主编和编者都是重庆中央大学外文系的教授，他们对全国有很强的号召力，从沙坪坝一直到全四川，还有其他地区，当然包括了西南联大。我在《巨流河》中说到，他们的阵容实在很强，因此当时我所读的文学层次蛮高的。我父亲编《时与潮文艺》的时候，家里离办公室只有一百公尺，所以我常走一走就去看人家热闹，什么都看。他们常给我看一些西方文化及文学的文章。①

单：后来就读武汉大学外文系时的翻译经验如何？那时外文系有开翻译课吗？

齐：有开翻译课，可是我觉得翻译是要靠自己修行的，是

---

① 《巨流河》中提到《时与潮》早期招募的人员有刘圣斌、邓莲溪，到了四川沙坪坝之后，"聘请中央大学教授贾午（立南）先生为总编辑，编译人员大多数由中大、重庆大学的教授兼任。四五年后又公开招聘了许多译写好手，其中最年轻的编辑如吴奚真、何欣、汪彝定等"。参阅《巨流河》（台北：天下文化，2009），第133页。来台后，吴奚真任教于台湾师范大学英语系，何欣任教于政治大学西洋语文学系，汪彝定曾担任"国贸局"局长及"经济部"政务次长。

个人对于两种语言的修养、修为。教是教不出什么来的，只是提供你一些数据而已。我认为教翻译就是要给学生机会实际去做。老实说，翻译这回事，所谓的"译入语"（target language）最重要，要翻成中文，中文不只是要通，而且一定要好，当然英文也不只是要懂，而且要好。我们那个时候从中文翻英文的很少，是一个挑战。

单：你的大学老师，像朱光潜、吴宓，有没有直接在翻译上影响到你？或者说，他们给你的训练在这方面有没有影响？

齐：就是整个程度的提高，你觉得需要先自我要求，估量一下自己的程度会不会叫老师生气。一是悟，二是背诵。有个同学每次都叫朱先生生气，有次他就气到把书丢到地上说："我教你做什么？"我们就很怕叫老师说这句话。

单：回想大学时代，有没有什么是跟翻译有关而印象特别深刻的？

齐：没有，可是在家里所见所读的东西，差不多都会在心里试译，有时也会真正做点翻译，但不一定发表。我什么东西都会拿来翻译，到现在还是会把中文翻成英文。我是真的对语言有兴趣。我早上吃早点，看到罐头上写的英文，都会去想想哪个字用得对不对，不是有意如此，但就是有这个习惯。

任职"故宫"与为外宾口译

单：你来到台湾之后，有段时间住在台中，兼任当时位于雾峰的"故宫博物院"的英文秘书，并且帮忙做些翻译。

齐：对，那倒是专业的挑战，因为"故宫"有很多的器物名称古意很难了解，更别说翻译了，所以要先做功课。我对那些专业名词做了一段时间的研究，把个别的名字列个清单，其他就没有什么问题了。那些器物的名字有时会造成一些困扰，因为古物的分类很复杂，而我对古物的了解还差得远。当时我最主要的工作就是和各博物馆联络，还有就是和来访的艺术家及贵宾联络。虽然是由我翻译有关器物的文字，但权威的定稿还是仰赖艺术史的大师。当时的"外交部长"叶公超中英文俱佳，艺术造诣也很高，经常接待外国贵宾，但即使是他遇到特别的名词也得问"故宫"的人，因为涉及专业要很小心，弄错了是会闹笑话的。

单：我记得《巨流河》中提到叶公超陪同伊朗国王巴勒维（Mohammad Reza Pahlavī，1919–1980）到"故宫"参观。

齐：我最有兴趣的就是巴勒维，因为当时他是真正的国王，而且和中国一样称为"皇帝"（"Emperor"），不称"King"，他太太就称"Empress"。他长得高大、英俊，非常有礼貌，跟我说话时非常尊重女性，真是温文儒雅的君子。我没有想到一个皇帝会是那个样子，和中国人心目中的皇帝很不一样。

单：所以口译就是事先做功课……

齐：是的，因为你应该早就对两个语言没有太大的困难，而做功课最要紧的就是特别的名词。

单：诺贝尔经济学奖得主海耶克（Friedrich A. Hayek, 1899–1992）一九六五年来台湾演讲时，也是由你担任现场翻译。

齐：对。海耶克演讲时，他提到的那些经济学名词我真是不懂，也没给我稿子，所以我蛮紧张的。不过他有时候会写黑板，我就放松一点，可以按照他写的来翻，大致没有太大的错，因为懂的人就懂，不懂的人就算了。当时没有人用"Closed Society"和"Open Society"这些词，大概连听都没听过，所以我就按照字面上翻成"封闭的社会"和"开放的社会",后来发现也没什么错。

单: 一直到现在大家还是沿用你对这两个名词的中译。除了这些之外,其他还有什么口译经验吗?

齐: 口译当然随时在帮人家做,都是义务的,尤其是遇到比较特别的外宾时。我这一辈子都是义工。

单: 既是"道义"的"义",也是"翻译"的"译"?

齐: 对,任何时候都是义务的翻译。够水平的,我就义务帮忙。

单: 你觉得口译的特色何在?

齐: 做口译的人头脑要清楚,思路必须相当能集中。我这一生最受用的就是工作时可以思想集中、头脑清楚,到老年依然如此。

单: 口译还牵涉到记忆或速记。

齐: 我的记忆力很好。我想是因为我身体先天不足,清心寡欲,所以记忆力好。我相信创造者先给我一个头脑,再来造我的身体,所以我的头脑是完整的。我的一生有很多困难,就是头脑没有困难。社会上的世故、人情我都看得懂,但问题是我身为女性的角色,以及自己的家庭教育,所以我不放言狂论,知道多少就说多少,甚至于知道多少不一定说多少。我看别人放言狂论的时候,总觉得很难尊重。

单: 你做口译时是完全靠记忆。

齐: 我能懂多少就讲多少,绝不会减少或增加别人的话,其实大部分我都懂,只是不一定都能表达得很完整。一直到今天,我都还发现在两个语言之间有很多东西是不能跨越的,是找不到对等的。

翻译教学

单： 你根据自己就读大学的经验，提到翻译其实很难教，但后来你也在大学里教翻译。能不能说说你是怎么教的？

齐： 我翻译教得好是因为我出力气。我怎么出力气的呢？我班上至少二十个学生，我每个星期叫他们做一段中翻英，一段英翻中，这二十份作业我一定认真批改、讲解、讨论。在批改学生的翻译时我会做笔记，所以这堂课讲上个星期大家翻译的特点，下一堂课就让他们亲自翻译，再下一个星期再讲、再译……就这么个教法，都有仔细的交代，并不是随便说说，所以学生们印象深刻，这对他们很有用。据我了解，他们对我的翻译课蛮有兴趣的，有些学生到现在还一直跟我有联络。

单： 你讨论学生的翻译时，要求的标准是什么？

齐： 我对他们所有的卷子都是个别处理，只是我会写在黑板上讨论。比如说，那个时代梁实秋还在，有时候会在报纸上发表作品。有一次他在报上发表他翻译的哈代（Thomas Hardy, 1840-1928）的名诗《两者的交会（铁达尼号的沉没）》（"The Convergence of the Twain [Lines on the Loss of the 'Titanic']", 1915），内容是说，当人类在造铁达尼号时，上帝也在造一座冰山，船航行海上，时候一到，上帝喊一声"Now!"，船和冰山就相撞了。梁实秋把"Now!"翻成"现在！"我就拿这个做例子，问学生们觉得怎么样。他们都笑了，不以为然，我问他们应该怎么翻。其实，有很多种翻法，像是："到时候了！"，或者"时候到了！"，或者"撞吧！"，甚至一个字"撞！"或是"上！"都可以，但就是不能用"现在！"，也不必说"现在到时候了！"，因为原文只一个字，翻那么长干什么？大家讨论后也是这么认为。

还有许多人哄小孩时会说："Now! Now!"，意思是"别哭了，别哭了！"还有"Here! Here!"大概也是"别哭了，别哭了！"梁实秋就翻成"这里！这里！"当然你可以哄小孩说："这里有糖！这里有糖！"可是这里的"Here! Here!"不是那个意思，而是"好了！好了！"这要看上下文，必须揣摩适当的语气来翻译，并不是那么容易。

单：所以翻译要掌握情境，揣摩语气，不拘泥于文字。你是自己编教材吗？

齐：我本来就对教材很注意，数据也多，可以自己整理出许多东西来，所以我教学是有计划的。

于编译馆推动翻译

单：一九七二年你到编译馆担任编纂，兼任人文社会组主任。在那个职位上可以实际推动一些翻译计划，而你也确实推动了一系列英译和中译的计划。就英译来说，就是两册的《中国现代文学选集》，厚达一千多页，一九七五年由美国西雅图的华盛顿大学出版社（Washington University Press）出版。

齐：我当时年轻气盛，看不上小东西。在中译方面，我记得自己最安心的就是请侯健翻译《柏拉图理想国》（*The Republic*）（联经，1980）。他在译序里说，中国人翻译的柏拉图作品真的太少了。我虽然不知道原文如何，至少他的中译是正正经经的好中文。还有张平男翻译奥尔巴哈的《模拟：西洋文学中现实的呈现》（Erich Auerbach, *Mimesis: The Representation of Reality in Western Literature*）（幼狮文化，1980）。这些当初都是一个理想，但逐步实现。我那时候还有"现代化丛书"计划，译者全是"中央研究院"院士，也都是很棒、很认真的译者。

单：你也推动马克·吐温（Mark Twain，本名 Samuel Langhorne Clemens, 1835−1910）的小说翻译。

齐：马克·吐温的翻译是我最大的一个英翻中计划，拿出去的书一共六本，交稿的有四本，也算不错了，可是当时的编译馆实在不像样，用一种很陈旧的拍卖方式，谁要价低就给谁，结果这四本书给了不同的出版社，也没有人注意，其他甚至于有没发行的，这是公家办事最差的地方。

这四本书中有萧廉任翻译的《古国幻游记》（*A Connecticut Yankee in King Arthur's Court*, 1889）、丁贞婉翻译的《密西西比河上的岁月》（*Life on the Mississippi*, 1883）、林耀福翻译的《浪迹西陲》（*Roughing It*, 1872）、翁廷枢翻译的《乞丐王子》（*The Prince and the Pauper*, 1881），都翻得很棒。但后来是怎么出版的，我都不记得了，我称那套书为"马克·吐温孤儿"，可惜了译者当年的工夫。

单：你原先推动中译英计划的动机是什么？

齐：动机最初是"教育部"希望编译馆能做一点正经的文学的推广。我们当时觉得台湾有很好的文学作品，应该好好推广，要让其他人知道我们不是只在这里逃难。编译馆馆长王天民是用这个理由把我从中兴大学邀约来的，他说，这是你一直想做的，我们可以对国家有所交代与贡献。

单：我记得你在《由翻译的动机谈起》一文中提到梁启超的"译书救国论"，也提到翻译是"我的书生报国之道"。

齐：对。梁启超一再呼吁文学救国，并且以小说和翻译为主：小说是要创作，发挥想象力；翻译主要是引进西方的东西。我们认为文化重在交流，除了译介外国作品之外，当然也希望西方人能对我们有些认识。甚至像林语堂那种方式，虽然当初很多人嘲笑，但至少能让外国人知道一点真正的中国东西。

单：《中国现代文学选集》由你主编，翻译团队的成员有外籍的李达三（John J. Deeney）……

齐：他是最早加入团队的，还有何欣、吴奚真、余光中。何欣是台湾最早翻译西书的译者，很可能是做得最多的人，任教于政大。吴奚真任教于师大，学生很受他的影响，他教的是小说，但最主要是做翻译，而且做得好，他一直到退休那一年还翻译、出版了哈代的《嘉德桥市长》（*The Mayor of Casterbridge*, 1886）（大地出版社，1989）。其实，吴奚真是真正一辈子做翻译的，大学毕业就到《时与潮》做翻译，非常认真，是《时与潮》的重要译者。人不声不响，什么事都闷着头干，不言不笑，沉静得不得了。

单：诗方面由余光中负责。

齐：余光中那时已经出了不少东西。而且这些人都在学校里教书，这样就好办一点。

单：我记得你在《巨流河》中提到你们是如何进行的。

齐：我们做得很认真，每个星期二下午聚会一次，先定下了诗、散文、小说三大领域，然后选作品、选译者，译稿回来之后大家讨论，一个字一个字地磨，我们那时候可真是花时间。我一直到搬来这里（长庚养生文化村）之前还保留着一大包当初修改的东西。

单：译稿完成之后还请外籍人士试读。

齐：对。像李达三的学生或耶稣会的年轻朋友路过台湾，就请他们看看文章；假如来台湾三天，也请他花一天看文章，都是义务性质的。还真有用，那些人真看得出些道理来。

单：所以你们在有限的时间和篇幅内，把当时台湾具有代表性的作品译介出去……

齐：台大中文系的老师也帮了很多忙，因为选材料的时候，他们的看法很明确。像柯庆明这些人，意见非常强，而且很诚恳，毫不敷衍。他们的意见我们都懂，也都接受，那等于是一种全民运动。那些入选的作家到今天来看都还没什么错。

单：那个翻译计划的内容包括诗、散文、短篇小说，入选的都是当时台湾具有代表性的作家。你会译介台湾文学跟你在美国印第安纳大学的经验有关，因为你出国进修时，在他们的图书馆里找不到台湾文学的翻译。等到这些作品英译出来之后，在国际合作方面，是怎么找到华盛顿大学出版社的？

齐：译稿出来之后，我发信到国外各个重要的大学出版社，因为大学出版社最可靠。我自己不太懂商业的事情，而且那时候也没有经纪人制度。最早回音的是普林斯顿大学出版社和出版教科书的麦格罗—希尔国际出版公司（McGraw-Hill Education），这两家都有兴趣，但是普林斯顿大学出版社要求我们把三册精简成一册，麦格罗—希尔也希望把三册精简成两册。后来我们出版时就是两册，可是全都塞到一册就没办法同意了。其实，有意愿的国外大学出版社很多，其中华盛顿大学出版社愿意照原样出版，而且它的发行量很大，通路也很广，甚至发行到欧洲。我到德国时知道他们在欧洲也发行得不错。

我们那时找到华盛顿大学出版社，觉得很高兴。难得的是，那个出版社很诚恳，让人感觉不是你有求于他们，而是他们全心合作。那个负责人一直很诚恳，还跟我通了多年的贺年卡，直到二三十年后，我向人家问起他，才得知他已经不在了。那时候因为与华盛顿大学出版社合作，所以在国际上就站稳了。这很重要，因为当时国外不清楚台湾的情况，以为只不过是个小岛。其实，虽然国民党逃难到这里，但我们当初出版的东西有高水平，到现在都还可以拿给别人看。

单：那也和你到加州旧金山州立大学（San Francisco State University of California）教书有关？

齐：有关系，他们是看到这本书才请我的。

单：那是一九八二年。

齐：是的。一九八五年德国柏林自由大学聘我担任客座教授也是这缘故。后来国际上知道我主要是因为这本书，西方的大学把这本文选当成文学教科书，因为他们讲到二十世纪的中国时就无以为继了。我出那本书的官方年份是一九七五年，实际上一九七四年就出版了。

与《"中华民国"笔会季刊》的因缘

单：编译和出版那本书是一九七〇年代前半，跟《"中华民国"笔会季刊》（*The Taipei Chinese PEN*）大约同时，那两册英译文选是官方支持的，笔会季刊则是民间的英文期刊。

齐：笔会季刊于一九七二年秋季创刊，比我们出版那本英译文选早两三年，可是从第三期起，有很多都是我免费提供的译稿，因为我这里译稿太多了。当时笔会就是殷张兰熙（Nancy Chang Ing）一个人，对内对外都是她一手包办。我们提供译稿，她也很高兴，所以笔会季刊很早就有本土作家的作品，像第四期就开始登钟肇政的作品，那些几乎都是我给她的。如果说《"中华民国"笔会季刊》受到我的影响，那是因为我编这套书的缘故。那时笔会会长林语堂自己还写稿。我和殷张兰熙合作的热络情况，那真是没话说。像一九九七年出版的笔会季刊索引也是我自己奋斗做出来的，我亲自校对每一个字。

单：这份索引是非常重要的史料。所以你等于是笔会季刊开始没多久就在提供译稿了。

齐：我就是他们的顾问。他们可以拿到现成的译稿发表，也很欢喜。郑清文以《水上组曲》作为自己最重要的代表作品，能用英文发表也是因为我们已经译好了。所以郑清文这些本土作家对我们的了解是基本的，并不是因为后来交上了朋友，而是文学的关系。我从来不虚交朋友。

单：你后来在一九九二年担任笔会季刊主编。

齐：对，因为殷张兰熙的健康出现状况，我就义不容辞挑起重担。笔会季刊整个的存在就是靠一两个人，从前是靠殷张兰熙，后来是靠我。我之后是彭镜禧、张惠娟、高天恩、梁欣荣，就是这么一两个人在那里撑下去。

单：你的基本班底有哪些人？

齐：从李达三开始，然后就是康士林（Nicholas Koss）。我们最快乐的时光就是康士林来了以后，之后有欧阳玮（Edward Vargo），还有鲍端磊（Daniel J. Bauer）——鲍端磊现在还在帮他们做。

单：这些人都有学院的背景，也有各自的特色。

齐：这几个人真的很特别，都很棒，最重要的是他们有文学的特色。

单：各人的译笔如何？

齐：让我们高兴的就是，大家都能按照原作翻译，给原作最诚实的翻译。

齐邦媛与笔会殷张兰熙密切合作，并与文友共同推动文学创作与翻译。左起：齐邦媛、林海音、林文月、殷张兰熙。（齐邦媛提供，朱瑞婷翻拍）

单：我记得你曾经用"slave driver"（奴隶头子）这个词来形容自己。

齐：对，他们这样喊我。

单：喔，是他们这样喊你的？！

齐：他们这四五个人见面就嘻嘻哈哈自称是"slaves"，而我就成了"slave driver"！混熟以后，每年有人过生日或是什么节日都会聚聚。后来欧阳玮去了泰国，我们还专程到泰国跟他聚了两天。这些"slaves"真的是很诚恳、很认真的。此外，我还有几个小朋友：吴敏嘉、杜南馨、郑永康、汤丽明，还有台大的史嘉琳。他们都帮笔会季刊英译散文、小说与艺术家评介。

单： 你作为主编，跟这些译者互动的细节如何？能不能稍微说明一篇稿子从开始到完成的过程？

齐： 第一是选稿，由主编选。然后就看这篇作品跟哪位译者的性格接近，还有就是每个人的时间安排，忙碌的程度如何？那时候还有其他几位，陶忘机（John Balcom）从一九八三年就开始帮笔会译诗，还有他的太太黄瑛姿，他们两个人帮我们翻译了不少。最早殷张兰熙找的还有葛浩文（Howard Goldblatt），后来我还找过翻译《红楼梦》的闵福德（John Minford），他忙了几天，把那首诗翻得很棒，我们快乐得不得了。

单： 译稿回来之后呢？

齐： 我们一定有个审稿者（reader），我们认真地找审稿者，而审稿者也是蛮仔细的。

单： 审稿者必须中英对照一字一句地看。审稿者如果有意见回来，你再……

齐： 我决定改或不改。

单： 稿子的修订意见会送到原译者那边吗？

齐： 有的会，有的原译者还要吵——很好，很认真。那时候的审稿者有郑秀瑕、梁欣荣、高天恩、彭镜禧，大家的关系就是这么开始的。宋美璍也有，她曾经帮我做过四五年的副总编。

单： 所以主要是台大外文系这些老师。

齐： 还有很多洋人，当然有的译者也相互审稿，还有你也帮我们审过几次稿。

单： 你和殷张兰熙还合作英译林海音的《城南旧事》（香港中文大学出版社，1992）。

齐： 对。也根据《中国现代文学选集》的英译本合编过德文本的《源流》(慕尼黑，1986)，是柏林自由大学的郭恒钰找我编的。他后来回到台湾又译了另一本作品，也到台大教过半年书。

后续的台湾文学英译

单：刚刚提到《中国现代文学选集》受到篇幅限制，你在那本书的序言也提到因篇幅之限无法纳入长篇小说之憾。一九九七年起，你和王德威合作"台湾现代华语文学"系列，由哥伦比亚大学出版社出版，弥补了这个多年的遗憾。

齐：这个系列总共出了三十本，三十本之外还继续在做，制作得很好、很用心、很精美。那个系列选书的标准就是选在台湾确实有价值的作品，即使外国人不一定立即就能欣赏，比如说李乔的《寒夜》(Li Qiao, *Wintry Night*, 2001)，甚至萧丽红的《千江有水千江月》(Hsiao Li-hung, *A Thousand Moons on a Thousand Rivers*, 2000)，洋人都不太懂。《寒夜》是我争取得最激烈的，因为它对台湾很重要，呈现了基本的客家开拓史。描写早期的台湾客家人如何从平地到深山开垦的过程，一块土、一块土，一个石头、一个石头挖出来，呈现三代的命运及人生态度。

单：你花了很多工夫把李乔的《寒夜三部曲》浓缩成一册。

齐：对，我花了很多的心血把它变成一册的《大地之母》，再根据这个版本来英译，终能出版。有些外国人觉得这本书沉闷，可是我觉得它非常有传世价值，后来还出版了日文译本。

单：有些外国人对于《千江有水千江月》中感情的描述觉

得难以理解，但这本书让我联想到你先前提到小时候读到的文学翻译中对于情的描述。

齐：有一点关系，就是像《葛莱齐拉》那样。你看过《千江有水千江月》的英文本吗？

单：我手边有一本。

齐：我觉得那是哥伦比亚大学出版社最卖力气的一本书，花了很多的艺术成本。他们把封面寄给我的时候，我人在美国我儿子那里，看了以后兴奋得不得了。

单：《千江有水千江月》的名字来自中国禅宗。

齐：出版社最初很难接受这个名字。封面是西方人想出来的，中国人很难想象西方人竟能设计出这么有深意的封面。这套书最有名的是郑清文的《三脚马》（Cheng Ch'ing-wen, *Three-Legged Horse*, 1998），得了著名的美国桐山环太平洋书奖（Kiriyama Pacific Rim Book Prize）。今年初引发辩论的平路（Ping Lu）的《行道天涯》，英文版改名为 *Love and Revolution: A Novel about Song Qingling and Sun Yat-sen*（《爱与革命》，2006），据说卖得还不错。还有一本《最后的黄埔》（*The Last of the Whampoa Breed*，2003），听说卖得也不错，这本书其实先出英文本，后出中文本（麦田，2004）。外国出版社最初不太懂，我和王德威争取了很久，等到他们了解这本书的内容之后，就很热烈地接受了。其实我很早就留意眷村文学，而且大力推广，一九九〇年我到科罗拉多参加葛浩文召开的会议时，论文就是《眷村文学与最后的离散》，我在这方面已经做了二十年了。《最后的黄埔》封面是美国人设计的，让人很惊讶，在美国生长的人竟能做出这样的封面，你很难想到更好的封面。这本书和《千江有水千江月》的封面设计都让我很感动，不是像一般人所想的大学丛书那么死板。

单：除了翻译台湾文学作品之外，你和王德威也合编了《二十世纪后半叶的中文文学》（*Chinese Literature in the Second Half of a Modern Century*）论文集，二〇〇〇年由印第安纳大学出版社出版。

齐：夏志清的《中国现代小说史》（*A History of Modern Chinese Fiction, 1917-1957*, 1961）写的是二十世纪前半世纪，那本书在学术上的风评颇佳，发挥了很大的影响力，所以出版社要求我们做后半世纪，因此书名加上 "the Second Half of a Modern Century"。

单：还有一本比较特别的就是《中英对照读台湾小说》（*Taiwan Literature in Chinese and English*［天下文化，1999］），因为你所做的都是中译本或英译本，但这本书是中英对照本，读者可以两边对照着看。

齐：那本书也是一个启发。先前笔会季刊到诚品摆了二十本，卖了一年还没卖完，后来诚品的廖美立跟我说，如果出中英对照本，可能读者会有兴趣。的确如此。《中英对照读台湾小说》已经卖了十几版了，到现在还在流通。

单：上星期六我到诚品敦南店，店员说这本书他们已经没有库存，但其他分店还有。

齐：虽然那是商场，可是确实很好。我这本书花了整整一年的工夫，像牛犁田一般地做，我们这些牛啊，整天就是逐字逐句地推敲，真正真正努力地在做。

单：是的。记得我也帮着看过其中的一篇译稿，就是王鼎钧的《一方阳光》，译者是康士林。

齐：那篇作品始终让我非常感动，我觉得王鼎钧写了好多很不错的书，希望将来能写一篇关于王鼎钧的文章。

成为被译者

单：你的回忆录《巨流河》出版后，不仅在海峡两岸大受欢迎，也引起其他国家的瞩目。日译本这个月就要出版了，你刚刚还拿日译本的封面给我们看，而英译本也在进行中。你以往都是译者或编者，帮别人翻译、编辑，为他人作嫁。现在自己成为被译者，应当更能体会作者的感受，比如说，作者对译者的期望。从被译者的角度来看，你会如何期待你的译者？

齐：我对日译者没有特别的期待，因为我完全不懂日文，所以不敢置评，但是我很想知道日本人对这本书的反应，因为书中有不少对于日本人的描述。[1] 至于英译本，我希望能够生动得让人爱看，因为我了解英文读者，知道他们的兴趣。中文本很明显让人看得下去——我讲的是文字。翻译最大的问题就是会"僵化"，那是很大的困扰，如果译者知道原作者懂得译文，会更紧张，更容易僵化。好的翻译是非常非常自然的，这本书的英译者陶忘机主要是译诗的，应该是没有问题，他已经译了一章，并准备了全书大纲，还给了我一份。但是后来因为不确定有没有出版者，他就停下来等，英译本现在卡在那里。

---

① 日本神户大学于二〇一二年十一月十日至十一日举行"战争与女性"国际研讨会，邀请齐老师出席。齐老师因年事已高，不便远行，但很关切日本学界与民间对此书的反应，嘱我代表参加会议，并主持十一日的第三场次"《巨流河》及其时代"，来自日本、中国台湾与中国大陆的四位学者各有两篇论文讨论《巨流河》与齐世英先生。

台湾当前的翻译

单：你认为台湾当前的翻译如何？

齐：有些书翻译得真的很好，可是许多的翻译并不怎么样。现在的问题是，出版社专找热闹的书翻。有时候一本书可能好看，但是这本书来自何方？背景如何？整体的脉络都没有交代，也不知道怎么回事，突然就出了一本书。

单：也就是说，在你心目中，翻译应该不只涉及文本，还涉及文化、脉络等等的引介。有人把翻译比喻为"来生"（afterlife），也就是原作经过翻译之后，就像是在另一个文化脉络里拥有了新生命。

齐：现在的翻译没有文化脉络，书商花很多钱去争取版权，只是因为热闹。我觉得翻译一本书需要告诉读者这本书讲的是世界上哪个地方，为什么有这些特色，让读者能有更进一步的了解。因为台湾很小，我总觉得应该有一张世界地图摊在读者面前，扩大他们的眼界。

比如说，最近最有名的就是胡赛尼的《追风筝的孩子》（Khaled Hosseini, *The Kite Runner*），那本书其实非常感动人，是不得了的一本书，可是我们国家的人对那本书的背景知道得很少，只晓得是中东地区、伊斯兰世界。其实这本书背后存在着很大的问题，就是种族之间严重的误解和剧烈的杀伐。读者原先阅读一本译作时，可能不觉得为什么好看，但那本书之所以重要，是因为后面有一股很强烈的文化或政治力量，这股力量你说明了，读者也就会更有兴趣。

现在一天到晚说什么国际化、全球化，我们看翻译书其实就是国际化、全球化。假如轻率地把一本书当做故事看完就算了，那就白费了。我看书绝对讲求前后呼应，我看完觉得感动或是有什么感想，会回头想一下，然后再去找那些曾经注意过的地方。

单：你在翻译这一行这么久，心目中的好译者或好翻译的标准如何？

齐：我想，好译者的译入语一定要熟练、要好，不是普通的好，而是非常的好。翻译文学书的译者必须不只是爱语言，而且要爱文学，那个味道才对。我认为英翻中做得最好的其中一个就是李永平，凡是他译的书都好看，选书也很厉害。他的译入语真好，因为他本身也是创作者，所以具有非常诚恳的文学感情。我每次发现有书是他翻的，就会拿来看一下，觉得他翻的就是好。

单：根据你多年来的观察，台湾的翻译界做得如何？

齐：文字好的人不少，但是多半都翻译一些实用的东西。文学书的翻译应该有几个不错的。彭镜禧是学院派的翻译，他翻译的莎士比亚在台湾恐怕只有一两个人能够翻。

单：一般提到翻译时，往往会谈到一些常见的议题，像是直译或意译，归化或异化，也就是译文要像译入语，还是要像译出语（source language），等等。

齐：纯粹直译当然是死路一条，还是得活译，但是活译必须没有错，符合当时的情境。就像刚才说的哈代那首诗中的"Now!"，这个"Now!"在什么情境下可以翻成什么？不一定每个地方都可以用同样的翻法，因为每个情境都不同，这一定要非常清楚。我听说敢译的人简直像机器一样，现在更拿计算机来译，那就没法说了。所以精品是不是太奢华了？

单：希望还是有人在做精品，这不是你多年的期盼吗？

《巨流河》作者齐邦媛和她笔下"乘着歌声的翅膀"而来的"三位天使"。左起：简媜、齐邦媛、单德兴、李惠绵。（单德兴提供）

齐：有人做，就是少，是吧？有做总是好。

单：最近几年比较有特色的，大概就是"国科会"经典译注计划，转眼已经十年了。

齐：像你译"国科会"的《格理弗游记》（*Gulliver's Travels*，联经，2004）是很有传世意义的学术翻译，也是凭自己一个人的牛劲，加上旁边有人偶尔催一催。我的《巨流河》如果没有你和李惠绵、简媜三个人催，是出不来的，因为我的身体常常是撑不起来的。做人要自己撑着点，后面也需要有点其他的力量。

单：你先前也提到两个语言之间毕竟有一些东西是无法完全传达的。这就牵涉到所谓的可译和不可译。

齐：很多东西实在是没办法译。我在中学时读到一篇小文章，其中一个词就让我倍感困扰，一直到现在依然没有解决。那篇小文章说：中国公主嫁到番邦是带着蚕丝去的，怎么带呢？就是她把蚕蛹带去，蚕变成蛾破茧而出后再交配，有了蚕丝之后，贸易往来促成中西文化的交流，后来就有了"丝路"这个名词。文章里又提到，公主去番邦时，是"going to her adopted country"。我那时候十几岁，不知道该怎么用中文表达"adopted country"。公主到了那里，在那里定居，就变成了那里的人，那里就成了她的国家，却不是她原来的国家，就像台湾不是我最早的家乡，可是现在变成了我的家乡。"Adopted"这个字我没办法翻成中文，这些年来我不时想、到处问，但一直找不出很妥切的答案。

台湾的翻译生态

单：在台湾做翻译的另一个实际问题就是稿费太低，因此找不到好译者。

齐：我不知道别人怎么想，我给的稿费很高，在其他人给一个字一块钱的时候，一九九二年我担任笔会季刊主编就是给一个字三块钱。我是参考新闻局的，那个时候新闻局赶稿子，有时效性，所以给到一个字三块钱。我觉得做文学翻译很辛苦，应该要有合理的报酬。

单：确实如此。在台湾做翻译普遍没有合理的报酬，而且大家也不肯定翻译的地位和译者的贡献，再加上学界的研究压力大，大家觉得翻译的学术贡献不大。在这种情况之下，你觉得要如何提升台湾的译者和翻译的地位？

齐：在我那个时代，译者的地位是很高的，因为在我们笔会最重要的就是译者。

单：当前学术界的情况比我在一九九四年升等时要好。我在"中研院"要申请升等为研究员的时候，根本不敢列出翻译作品，唯恐被别人说是不务正业，即使我认为它的贡献或至少读者群会比我的学术著作要多。现在则可列为参考著作，若是经典译注则更有利。

齐：其实很多重要的翻译比瞎扯的论文好多了。我觉得要判断翻译有没有价值，还是要有点水平。有些原作既没有价值，也翻译得不好。但是像《格理弗游记》中译学术价值就极高，这样的翻译作品常常是一生中只有一次。

单：对我来说确实是毕生难得的机会。

齐：像林文月翻译《源氏物语》也没有任何理由，也没拿任何酬劳，就是做了。像最近郑清茂翻译《奥之细道》，也是有自己的想法，其实他还有其他的翻译计划，目前进行的工作要花很多的时间。① 我尊重这种心理上就像一生只有一次的关注。这些好的中文译作，就是我们的东西，我们的资产。

其实在西方像 *The Illiad*（《埃利奥特》）和 *The Odyssey*（《奥德赛》）这样的史诗巨作，都是译了又译的，而且被当做一种挑战在做。翻译是可以变成译入语的文化的，像是希腊罗马的史诗与神话，或是中国的佛经。最后这些文化资产就化为中文，是对中文的丰富（enrichment）。我相信林文月翻译的《源氏物语》对中文也有丰富的作用。做翻译不能只是看热闹，很多人光看热闹。我跟很多人提《格理弗游记》，有个很

---

① 郑清茂译注的《平家物语》二〇一四年八月由洪范书店出版，此书与《源氏物语》并称为日本文学史上的两大物语经典。郑译上册四百六十一页，下册四百五十九页，卷帙浩繁，译文典雅优美，注解精细翔实，并附彩色绘卷、年表、地图、世系图等，允称汉译日本经典文学的扛鼎之作。

重要的人跟我讲是"小人国"，我说不对，这部书不只是小人国，后面还有很重要的。我现在还在努力宣扬这部书的重要性。我觉得重要的事就要做，至少我自己不是飘飘的。

单：是的，我们需要一些稳重、踏实的，能够沉淀、累积的东西。

齐：你知道台湾话的"鬼"叫"阿飘"吗？现在小孩都这样讲。我这两天在研究这个道理——我们总不能只是做一些轻飘飘的工作，对不对？

附录：齐邦媛著作与编著目录

回忆录

2009 《巨流河》，台北：天下文化。（2010年生活·读书·新知三联书店出版简体中文版；2011 年东京都作品社出版日文版）

2014 编著，《洄澜：相逢巨流河》，台北：天下文化。

散文

2004 《一生中的一天：齐邦媛散文集》，台北：尔雅出版社。

评论

1990 《千年之泪：当代台湾小说论集》，台北：尔雅出版社。

1998 《雾渐渐散的时候：台湾文学五十年》，台北：九歌出版社。

编著

1975 *An Anthology of Contemporary Chinese Literature: Taiwan, 1949-1974*（《中国现代文学（台湾）选集》）, 2 vols., Taipei: National Institute for Compilation and Translation; Seattle: University of Washington Press。

1983—1984 《中国现代文学选集》中文版（小说卷、散文卷、新诗卷三册），台北：尔雅出版社。

1986 《西洋诗歌研究》，台北：中央文物供应社。

1986　与殷张兰熙（Nancy Chang Ing）、郭恒钰（Kuo Heng-yu）合编：《源流：台湾短篇小说选》（*Der ewige Fluss: Chinesische Erzählungen aus Taiwan*，德文版，德国：慕尼黑）。

1989　《中华现代文学大系：台湾一九七〇年至一九八九年》小说卷五册，台北：九歌出版社。

1999　《中英对照读台湾小说》（*Taiwan Literature in Chinese and English*），台北：天下文化。

2000　与王德威（David Der-wei Wang）合编，*Chinese Literature in the Second Half of a Modern Century: A Critical Survey*（《二十世纪后半叶的中文文学》），Bloomington: Indiana University Press。

2004　与王德威合编，《最后的黄埔：老兵与离散的故事》，台北：麦田。

2006　《吴鲁芹散文选》，台北：洪范书店。

翻译

1992　林海音著，殷张兰熙、齐邦媛英译：《城南旧事》（*Memories of Peking: South Side Stories*），中英对照，香港：中文大学出版社。

刘绍铭与主访人摄于香港岭南大学中文系。（单德兴提供）

寂寞翻译事

刘绍铭访谈录

主访人：单德兴

二〇一三年十一月十四日与十八日

香港岭南大学中文系

前　言

　　刘绍铭教授一九三四年生于香港，苦学出身；一九五六年赴台湾就读台湾大学外文系，受业于夏济安先生；一九五九年与白先勇、王文兴、陈若曦、欧阳子、叶维廉、李欧梵等人创办《现代文学》杂志，大力引介现代主义文学；一九六〇年取得台湾大学学士学位；一九六一年赴美进修；一九六六年取得美国印第安纳大学比较文学博士学位，为华人世界比较文学的前辈学者。除短期任教于香港中文大学、新加坡国立大学、夏威夷大学之外，长年任教于美国威斯康星大学陌地生校区（University of Wisconsin-Madison），一九九四年返回香港担任岭南大学文学院讲座教授，现为荣休教授。

　　刘教授除了在专业领域的学术成就之外，多年来也致力于翻译，有多种中英与英中译作问世，其中以英文编译的多种中国古典文学、现代文学与台湾文学选集，广为美国大学采用为教科书；冷战时期以中文译介的犹太裔美国文学（Jewish American literature）与华裔美国文学（Chinese American literature），开华文世界风气之先。平日经常为华文报章杂志撰文，分享所见所感，其中若干也涉及翻译议题。

　　一九七〇年代初我就读大学时，便读过刘教授的早年自传《吃马铃薯的日子》，对于他的自强奋发、勤工俭学印象非常深刻，因此多年来一直留意他的各类作品。尽管如此，印象中并未见到就翻译议题针对刘教授的深入专访。于是，我在二〇一三年秋参访岭南大学之前，先透过郑树森教授向刘教授探询进行访谈的可能性，获得首肯，甚感难得，遂先行搜集资料。抵达岭南大学之后，向图书馆借阅其他相关图书，整理问题，于访谈前提供他参考。

访谈于十一月十四日进行，地点就在刘教授的中文系研究室，除了先前准备的问题之外，我特地提来两袋书，以便现场查考。刘教授颇有长者之风，温煦谦和，对于自己的成就不以为意，往往只是一语带过，因此我必须进一步探询。访谈进行一个多小时，彼此意犹未尽，于是相约十八日再度见面。两次访谈录音档经由云端传回台湾由黄碧仪小姐誊打，待我返回台湾编辑、整合相关问答之后，连同前言与附录回传香港请刘教授本人过目后定稿。篇名"寂寞翻译事"来自刘教授的一篇文章标题。

家庭与学思背景

单德兴（以下简称"单"）：你多年来翻译了不少文学作品，中翻英、英翻中都有，也写了不少有关翻译的论文与评论。能不能请你谈谈自己的家庭及教育背景？在香港求学过程中读过哪些翻译作品？这些翻译作品如何影响你后来对于翻译的兴趣？

刘绍铭（以下简称"刘"）：不管是做学问或做任何事，往往都跟一个人的家庭背景有关。像是中国最了不起的史学家陈寅恪，那真是家学渊源，自幼就接受熏陶。但是我的情况很特殊，从小没父没母，从来没有在一个有书的家庭环境下长大。在一九五六年去台湾读大学以前，我没有一个完全属于自己可以看书的环境。我在香港没看过什么翻译的书，因为那时候我打工的钱只够餬口，根本买不起那些书。你看我的自传《吃马铃薯的日子》就知道，我都是自修，包括看报纸，所以报纸的副刊对我影响非常大。一九五〇年代的香港报纸副刊至少是文字清通，不像今天的报纸质量参差不齐。我从报纸的副刊吸收到很多基本的知识，后来到台湾念大学，慢慢印证了很多东西。我到台大外文系以后，就是跟同学们一起看书，可是我们都不是一般定义下的好学生，但会在下课后找夏济安老师聊天。夏先生的学问很好，只是有点口吃，课堂上讲书有时听来像天马行空，但私下聊天时对学生却很有启发，有时闲聊中的一句话就让我茅塞顿开。

单：如果你在香港很少有机会接触到翻译作品，那么台大外文系的课程对你的翻译养成有什么影响？你刚刚题赠我的那篇英文论文，就是题献给你在台大的翻译老师朱立民教授的。

刘：我觉得初阶的翻译是可以教的，但高阶的翻译则要靠自己领悟。我在台大外文系时是由朱立民老师教我们翻译，那是在一九五八或一九五九年，他刚从美国杜克大学（Duke University）拿到英美文学博士学位回台湾（编按：当时应是取得英美文学硕士学位之后教到受访者）。他对于米勒（Arthur Miller, 1915-2005）的剧本很感兴趣，所以教材就选用他的名剧《推销商之死》（*Death of a Salesman*），班上有十一二个同学，朱老师就叫每个人翻译几句，基本上就是 oral translation（口译）。这样其实我们学不到什么东西。并不是我在批评老师，而是当时的资源有限，要是我去教也一样。

借来的生命：翻译犹太裔美国文学

单：请问你后来从事翻译的动机为何？

刘：我从事翻译最主要的动机就是我认为"A translator lives a borrowed life."（译者活在借来的生命里）。比方说，我想写出像杜斯妥也夫斯基（Fyodor Dostoevsky, 1821–1881）那样的作品，但是我没有那种天分，写不出来，于是借着翻译他的作品来表达自己内心深处想要表达的。我有好几个翻译作品都是借来的生命的表现，其中之一就是玛拉末（Bernard Malamud, 1914–1986）的《伙计》（*The Assistant*）。

单：你英译中的作品里很多都是犹太裔美国文学，为什么？

刘：其实一开始我完全不知道那几本小说的作者是犹太人，都是后来才知道的。像是我翻译《魔桶》（*The Magic Barrel*）之后，有一次偶然读到玛拉末的生平，才晓得原来他是犹太人，所以我并不是有意特别为犹太裔美国作家发声。话说从头，我在印第安纳大学攻读博士学位时，周围没有什么中国朋友，只身一人，非常寂寞。有一天我在书店偶然看到《伙计》这本书，在那之前我从来没听过玛拉末这号人物。这本书我一看就迷上了，于是几乎把他所有的作品都找来看。《伙计》写的是有关"redemption"这个主题，而这是中国文学传统里所没有的，因此把"redemption"译为"救赎"其实并不是那么理想。《伙计》整部小说最感动人的地方就是寻求救赎。至于辛格（Isaac Bashevis Singer, 1904–1991）的作品也是偶然发现的，也让我很感动，于是翻译了他的《傻子金宝》（*Gimpel the Fool and Other Stories*）。书中的主角傻子金宝相信救赎与天堂，如果不是用宗教的观点来看，这个故事简直难以置信，因此一定要用宗教的观点来看。我

143

也是先受到他的作品感动，后来才发现他是犹太人的。在我翻译他的作品之后，他拿到诺贝尔文学奖。

单：所以你有先见之明。

刘：在翻译辛格之前，我翻译了贝娄（Saul Bellow, 1915–2005）的《何索》（*Herzog*），他也是犹太人，作品也很引起我的共鸣。谈到这本小说的中译，我有一件事多年耿耿于怀。我开始翻译《何索》的时候人在香港，但译到一半时必须离港，把我整个计划都打乱了，所以那本书的后半我就找颜元叔先生来译。他是我台大的学长，比我高四班，当时是台大外文系主任。所以《何索》的前半部是我译的，后半部是颜先生译的。这些译作都由香港的今日世界出版社印行，当时戴天就在那里工作。

单：他读台大外文系时跟王文兴、白先勇他们同班。

刘：对，他跟王文兴、白先勇、陈若曦、欧阳子、李欧梵等人同班，我比他们高一班，叶维廉比我高一、两班。戴天、叶维廉和我都是香港侨生。王文兴、白先勇他们那一班真是了不起，大三时创办了《现代文学》。

单：《现代文学》的发刊词虽然没有署名，其实是你写的。

刘：对，是我写的，因为那时候我比较常抛头露面。当时一起投入《现代文学》的有白先勇、王文兴、陈若曦、欧阳子、戴天、李欧梵等人。戴天毕业之后回到香港，就在美国新闻处工作，我因此才跟香港"美新处"有接触，在那之前我大多待在美国。宋淇、张爱玲、聂华苓、余光中他们在我之前早已为香港"美新处"翻译了。我比较特别的一点就是有美国的博士学位，当时正在香港中文大学教书，透过戴天认识"美新处"负责美国文学中译的费德曼（Harvey Feldman，音译）。他们找我翻译，我就自己挑了那些作品。今日世界出版社出版的美国文学中译一般都是"美新处"选好了书交给译者，而我翻译的那些书全都是自己挑的。

单：就我所知，这对他们来说是例外。

刘：的确是例外。巧的是，费德曼也是犹太人，但我起先并不知道。我从前有段时间担任职业译者，为了译酬也就没什么挑。有了大学的教职之后，不必靠翻译过活，就可以挑选自己想要翻译的作品，在那之后没有一本翻译是人家指定给我的。

翻译《一九八四》

单：你除了先后翻译玛拉末、贝娄、辛格这三位犹太裔美国作家的作品之外，还翻译过奥韦尔（George Orwell, 1903—1950）的名著《一九八四》（*Nineteen Eighty-Four*）。

刘：《一九八四》也是我的借来的生命。我所谓"借来的生命"跟认同有关，我不认同的东西就不会翻。因为我自己很喜欢《一九八四》那本书，所以一直希望能够翻成中文。香港《信报》的老板林山木（笔名林行止）是我的老朋友，一九七三年我开始为他写稿，一九八三年他想到要我翻译《一九八四》，先在《信报》上连载，之后再出书。

单：就我所知，你的译文当时也在台湾的《皇冠》逐月连载。

刘：是的，我翻译的《一九八四》同时在港、台两地连载；当时有许多文章都同时在香港和台湾刊出，尤其是台湾的《联合报》和《中国时报》两大报。一九七〇年代在台湾是好年头，《联合报》《中国时报》跟其他出版业生气勃勃，两大报的副刊各用十几个人，时报老板余纪忠亲自介入，在人间副刊辟了一个海外专栏，专门向海外学者邀稿。当时有报禁、党禁，我们就以"海外学人"的身份在文章里夹带个一两句、一两段，透露一点消息。至于在台湾境内，编辑也卖命拉稿。我听说有副刊主编向古龙拉稿时，古龙拿脸盆盛满酒说："你喝光我就帮你写稿。"就这样子拉稿，几乎把命都赔上。我的《二残游记》刊登出来时，一天到晚电话响个不停，都是来拉稿的，英文管这叫"courtship"。那是文人风骚的时代。《中国时报》的高信疆跟《联合报》的痖弦斗法的时候，有时报文学奖、联合报文学奖，等等，每逢出书就举办演讲会，很热闹。很多香港作家跑到台湾去参赛，在台湾领风骚。所以那个时候台湾的整个文化事业生气勃勃。

单：你翻译的《一九八四》的流传史有些复杂。你的翻译先是在香港的《信报》和台湾的《皇冠》月刊连载，然后出书，先是台湾的皇冠版（1984）和东大版（1991），最近又有大陆版（2010）。皇冠版的《一九八四》后面附录了一些知名作家写的跟《一九八四》有关的文章，包括余光中、乔志高、王文兴、张系国等人。当时一九八四年快到了，高信疆在他主编的《中国时报》人间副刊刊登了一系列"怎么看一九八四？"的文章。你的译文在台湾的每月连载还没结束，皇冠出版社基于市场考虑就赶在五月出书，而且为了壮大声势，把这几位名作家和译者的文章附在后面。我好奇的是，皇冠版把原书附录的《新语原则》（"The Principles of Newspeak"）由正文之后挪到正文之前，是什么原因？

刘：我不知道，因为我把译稿给他们之后就随他们处理，不再介入。

单：那篇《新语原则》的形式和内容类似论文，对许多人来说，包括乔志高和张系国在内，是奥韦尔的重大贡献，令人印象深刻。皇冠版把它挪到正文前有点阻碍读者的阅读，东大版就改了过来，放回正文后面。东大版除了原先那篇译序《日渐伸长的影子》之外，你又加了一篇新的前言。

刘：我只能说皇冠版比较市场取向，东大版比较严谨。

单：东大版的前言虽然没提到夏济安先生对你的影响，但结尾时你强调，如果有人要你列出十本改变你人生的书，你会毫不犹豫地把《一九八四》列为首选。

刘：的确如此。

单：这么一本标榜反极权主义的书，晚近又出了简体字版。请问大陆的出版社是怎么跟你接洽的？销售情形如何？你先前在东大版提到董乐山的大陆译本，而且说那个版本只印了四百多本，流通不广。

刘：北京的出版社直接写信给我。出版后我看了书里的文字，他们都没有改动，这很难得，应该是大陆很认真看待《一九八四》这本书。我翻译的简体字版销路应该不错，但实际卖出多少我并不知道。

编译大陆与台湾文学之英文选集

单：除了英译中之外，你也把不少中文作品编译为英文，大力把中国古典文学、现代文学与台湾文学推介给英文世界，我搜集到的资料如下：

1976　编译：*Chinese Stories from Taiwan: 1960-1970*（《台湾小说选：一九六〇～一九七〇》）；

1978　与马幼垣（Y. W. Ma）共同编译：*Traditional Chinese Stories: Themes and Variations*（《中国传统短篇小说选集》）；

1980　与 Christopher Rand 合译：*The Wilderness (Four-act Play by Ts'ao Yu)*（曹禺的《原野》四幕剧）；

1981　与夏志清（C. T. Hsia）、李欧梵（Leo Ou-fan Lee）共同编译：*Modern Chinese Stories and Novellas: 1919-1949*（《中国现代小说选：一九一九～一九四九》）；

1983　编译：*The Unbroken Chain: An Anthology of Taiwan Fiction since 1926*（《香火相传：一九二六年以后的台湾小说》）；

1995　与葛浩文（Howard Goldblatt）共同编译：*The Columbia Anthology of Modern Chinese Literature*（《哥伦比亚版中国现代文选》）；

2000　与闵福德（John Minford）共同编译：*Classical Chinese Literature: An Anthology of Translations (Vol. I: From Antiquity to the Tang Dynasty)*（《含英咀华集——中国古典文学英译选，第一册：远古至唐朝》）。

刘：这也是我的借来的生命的表现。我编译的英文选集全都是为了服务——既服务这个领域，也服务自己。为什么呢？因为美国大学生的中文程度很有限，所以在美国教中国文学如果没有英文译本可用真是哑口无言，不知如何教起。我自己编辑或与人合编的那几本书基本上是教科书，全都是为了课堂上的现场需要，既是我自己教学所需，也为这个领域提供教材，算是学术服务。编译这么多书牺牲了自己很多做研究的时间。其实最初就是为了手上能有一本教科书，方便教学。外人没办法体会我当时的感受，主要是他们从来没有处于一个地方，要开一门课都不晓得要用什么作教科书。还没有编译出书之前，每次上课都要看看今天有多少学生，然后去影印资料给他们。比如说，韦理（Arthur Waley, 1889—1966）翻译的杜甫的诗因为已经绝版，想买都买不到，只有用影印的。但是后来法令保障知识产权，不能随意影印教材，所以就需要出这么样的一本书。因此，出书的动机很简单，没有什么更高深的道理。

单：有这种需求的老师应该很多，但只有你跳出来做这件事。

刘：因为这里还涉及功利的因素。在美国出版论文或专书在核薪和升等的时候都用得上，但是编译教科书却不算学术贡献，审查的人不会把翻译工作考虑在内。你问为什么我要跳出来做？其实比较懂得利害关系的人就不干了。要是没有需要给学生教材的急迫感，我也不会去做。至于编译的书中有两本关于台湾小说，是出于另一个动机。一九七〇年代台湾在国际上像是小媳妇，没有人闻问，国际学界根本不重视台湾文学。我在台湾念大学，对台湾有很深厚的感情，于是编译了两本台湾小说选集。那个时候要找出版社出这种书很不容易。

单：你对台湾的感情跟你在台湾念大学有关？

刘：绝对是。

单：你先后编译过两本台湾小说选集，一本是《台湾小说选：一九六〇~一九七〇》，一九七六年由哥伦比亚大学出版社出版，另一本是《香火相传：一九二六年以后的台湾小说》，一九八三年由印第安纳大学出版社出版。

刘：第一本选集能够在哥伦比亚大学出版社出版是通过夏志清先生的关系，第二本选集由印第安纳大学出版社出版则是我们自己打出来的路子，因为当时我负责编辑印第安纳大学出版社的相关丛书。其实当时强调台湾文学还有一层顾虑。虽然我不是台湾人，连一句台湾话都不会讲，却很重视台湾文学，并且热衷于编译台湾文学，把它推往国际学界。小说家姜贵就曾提醒我，要我小心别人说我搞"台独"。我说那可真是冤枉，不过我并不害怕。那个时候国际上注意的都是大陆文学，没有人注意台湾文学，那就是为什么我要推广台湾文学。因此，我编译这两本书也是一种借来的生命，因为我想在国际冷落台湾的时候做一点有关台湾的东西。英文本 *The Unbroken Chain: An Anthology of Taiwan Fiction since 1926* 和中文本《香火相传：一九二六年以后的台湾小说》都是在那个情况下编的。我那时注意到的作家包括陈映真，还为他编了一本选集。

单：记得我是在大二时第一次读到陈映真的作品，就是你编的《陈映真选集》（1972），由香港小草出版社出版，开数小小的，和台湾出版的书在外观上明显不同。我在台北公馆买到那本书时还觉得奇怪，为什么这位台湾作家的选集是由香港的出版社出版，后来才听说陈映真是政治犯。

《现代文学》的创办与译介

单：先前我跟李欧梵教授访谈时，他提到自己念大学时，有些香港侨生的程度很好，而且举你作例子。他说那时他连艾略特（T. S. Eliot, 1888-1965）是谁都还不晓得，而你不但已经在读艾略特，甚至还写文章讨论他。你们当初在办《现代文学》时，就译介了不少外国文学作品与思潮。

刘：我们在办《现代文学》的时候，最早是王文兴主张译介卡夫卡（Franz Kafka, 1883-1924）。

单：第一期就是卡夫卡专号，封面就是卡夫卡的画像。你还记得自己翻译过哪些作品刊登在《现代文学》吗?

刘:我翻译过卡夫卡的《饥饿艺术家》("A Hunger Artist")。

单:那篇小说的英文本我在政大西语系大二上课时读过,还参照过《现代文学》的中译。(两人笑)

刘:当时我们许多人都参与翻译,译作也刊登出来。我们就读台大外文系,英文程度虽然比一般人好,但还不到可以翻译那样的作品。我绝对不相信我们的理解能够完全正确无误,一定有些误译,现在回想起来都感到有些汗颜。如果你不提起,我根本就不敢谈。

单:王文兴老师也不太谈那些译作,只说那是大学生的尝试。

刘:我们译得不好是情有可原,学艺未精的大学生怎么有能力翻译那些作品? 不过,这些年少轻狂的事大家都有的。因为我们当时没有外援,就是几个同学在一起,好像什么都懂的样子。照理来讲最好像今日世界出版社那样,译文出来之后有专人校订,但我们根本没有人帮忙。

单:然而,就当时处于冷战时代封闭的台湾文坛来说,你们确实打开了一扇窗,让一般人多少接触到外面的世界。在我念大学时,《现代文学》已经变成了一则传奇,许多人都把你们当成榜样,希望能见贤思齐,却都望尘莫及。

刘:《现代文学》对我来说是一段美好的回忆。至于李欧梵提到的是我那一篇讨论艾略特的《传统与个人才具》("Tradition and the Individual Talent")的文章,那是受到夏济安老师的影响。那时候我常常到他在温州街的宿舍请益。我这一辈子受他的影响实在是太大了。就文学批评而言,他最推崇艾略特;就小说而言,他很欣赏狄更斯(Charles Dickens, 1812-1870),夏老师的英文都是从这些大家学来的。他们两兄弟的英文风格不同，夏志清先生的英文是学院的风格，而夏济安老师的英文是维多利亚晚期风格，是狄更斯的风格，真是漂亮，味道高雅，读来有余韵。那时候我们都是小毛头，但他要我们注意许多事情。比方说，他说中国大陆丢了，我们知识分子难辞其咎，因为大家都太懒了。他也说，《一九八四》老早就应该翻译，赫胥黎（Aldous Huxley, 1894–1963）的《美丽新世界》（*Brave New World*）也是老早就应该翻译。所以我二十多年后翻译了《一九八四》。从这里就可以看出来一个老师能对学生有多大的影响。

单：我记得余光中老师在口头和书面上都提过，吴炳钟先生（他的台大翻译老师）和师大的梁实秋先生都特别向他推荐奥韦尔的《动物农庄》（*Animal Farm*），认为这部作品暴露了极权主义的弱点。

译著唐人街文学

单：刚刚提到你翻译的犹太裔美国文学时，你指出自己原先并没有注意到他们的犹太裔背景。但是你在译介华裔美国文学时就不同了，因为那是你有心介入。无论如何，在犹太裔美国文学和华裔美国文学这两方面，你的译介都是开华文世界风气之先。

刘：由于从前几乎没人谈过唐人街文学，我就多少写了一点。我采纳的是唐人街的广义的定义，其实我们在美国并不是住在唐人街。我想我要是生在古代，一定是个游侠之类的，因为我爱打抱不平。像我为了台湾文学、台湾朋友而做的事就是这样的例子。为什么我要介入 Chinatown literature（唐人街文学）呢？因为我是广东人，懂得他们讲的话，知道他们的苦处。我的《唐人街的小说世界》中所译介的作家，像是赵健秀（Frank Chin）等人，是唐人街的人为唐人街而写、唐人街的人为唐人街的读者而写。《唐人街的小说世界》中有翻译，也有论文，目的在于向华文世界译介唐人街里的人的痛苦、挫折、期盼……

单：唐德刚先生在为你另一本有关华裔美国文学的作品《渺渺唐山》写序的时候，提到要做华美文学研究必须具备四个条件：华侨，广东人，学者，中英文俱佳。他说，放眼望去，唯一符合这四个条件的就是你了。这篇序言后来收入他的《书缘与人缘》。你在序言中提到，其实研究唐人街文学对你的学术专业来说是"不务正业"。

刘：对，绝对是不务正业。因为这对学校里的升等没有帮助，也无关我的学术探究，完全是我个人的兴趣而已。

单：除了个人的兴趣之外，是不是也有一种使命感？唐德刚先生在序言结尾特别提到这是对你的"天降大任"。

刘：讲"使命感"就太严重了。事实上，我就是要引起众人对唐人街文学的重视。这些写作其实不可能改变什么，因为年轻一代根本不留在唐人街，老早就搬出去了。唐人街是已逝去的世代，很少人以此为荣。美国盛行多元文化之后，华裔美国文学才得到应有的地位，这个领域现在已经发展得很蓬勃了，我根本没办法跟上。

单：你那两本与华裔美国文学相关的书在台湾出版：《唐人街的小说世界》于一九八一年由时报文化出版，《渺渺唐山》于一九八三年由九歌出版，这背后有什么故事？

刘：没有，完全没有故事。因为我在台湾待了那么久，多年来也在报章杂志上写文章，和一些出版社的编辑有接触，否则这两本书是不容易找到出版社的。不过那时台湾处于一九七〇年代的黄金时代，氛围欣欣向荣，现在时机就不比从前了。那个时候报纸的副刊非常精彩，尤其是高信疆主编的《中国时报》人间副刊和痖弦主编的《联合报》副刊。《渺渺唐山》中的许多文章原本是在《中华日报》副刊刊登的，副刊主编蔡文甫也做得很卖力。

单：所以这两本书很自然地就由与高信疆和蔡文甫关系密切的时报文化和九歌出版社出版。就你个人而言，这一段有关华裔美国文学的译介就告一段落。

刘：就是热情过了，我不能老在唐人街待下去嘛，是不是？

单：你除了以中文译介华美文学之外，也以英文发表有关汤亭亭（Maxine Hong Kingston）和赵健秀的学术论文。这些都是你在华美文学受到重视之前就在做的事。

刘：可是我也只花了半年的工夫在这方面，远不如我为台湾文学所花的时间与心力，因为没有什么特别之处，所以自己不常提起。当年华美文学是小众文学，如今已经有了另一片天，大大不同了。

语言与环境

单：你熟悉港台的文坛与知识界。依你之见，香港和台湾的翻译有没有什么不同？各有什么特色？

刘：香港和台湾有些用语不同，香港显然受到广东话的影响。譬如普通话讲"我先吃"，广东话是"我吃先"。台湾的读者看到像这样的句子也能理解。香港人看台湾的文章也没问题。但大陆就不同了，他们意识形态强，好用一些术语来唬人，听起来好像很高深，其实不然。他们许多翻译对我来讲是 alienation（异化）。

单：这种情况是不是跟他们翻译理论作品有关？

刘：唉！提到中文翻译，香港和台湾的用语有许多地方可说是大同小异，像是"辣妹"就是从台湾传到香港的，而大陆的表达方式则不同，他们看的很多东西都是翻译过来的，有些生硬。我的背景和翻译理念则有所不同。我和乔志高差不多年代，都读过几年文言文，因此觉得他把 *The Great Gatsby* 这个书名翻成"大亨小传"很好，就像林琴南把 *David Copperfield* 翻成《块肉余生记》，真是太漂亮了。乔志高的文言文根底好，英文也了不起，书名翻成"大亨小传"，一个"大"，一个"小"，看似大，却是小，那个对比在书名里就呈现了出来。有一个大陆版就照字面直译为《了不起的盖茨比》。《上海书评》有一篇评论说，很多人都说《大亨小传》题目翻得很好，内容也翻得好，可是那位作者觉得还是《了不起的盖茨比》好。翻译的评价就因译者立场的不同难以取得共识。你看林琴南的《块肉余生记》也好，《王子复仇记》也好，书名都定得很好，就是 "dynamic equivalence"（动态对等）的例子。语文的根底很重要。像我编译的每一本英文书都要由 native speaker（母语人士）看过。哥伦比亚大学出版社有一位很好的 copy editor（文字编辑）专门帮我们改英文。张爱玲的英文很好，而这位已经过世的编辑曾看过张爱玲的英文稿，她在跟我通信时说，张爱玲的书面英文虽然很好，但一写到对话就有不足之处，因为 "People don't talk like that."（我们不是那么说话的）。这位编辑帮她改了几个地方，都改得很好，行文就比较自然了。像最近有个同事问我"营商之道"该怎么翻。他翻成 "the way to run business"。我说这个译法没问题。但如果你是要到外面去宣传，"running business"就简洁有力多了。哥伦比亚大学出版社的那位编辑就是把张爱玲那种太正式的、文绉绉的书面语，bookish expression，改成自然一点的口语。我在《文字的再生》那本书就谈到这点：这些日常口语是母语人士的"专利"，那是我们学不来的。像夏济安先生的英文好得不得了，但是要他用英文写小说仍嫌不足，因为我们写的对话就不像母语人士那么自然。反过来说，我跟葛浩文是四十年的好朋友，知道他的中文很好，但是我一看他写的中文就知道是老外写的。是不是母语人士差别太大了，外语人士就是没有母语人士写得那么地道。

单：像你自己浸淫在英文里多年，也曾任教于美国大学多年，英文已经很好了，但有些地方还是要请教欧阳桢（Eugene Eoyang）教授。

刘：他的英文比一般美国人还地道。他说他自己是"正种"纽约人（New Yorker）！乔志高中英文俱佳，因为他从小在中英两种语境长大，中文和英文都是他的母语。

单：你在中英文文章中都提过史泰纳（George Steiner, 1929- ）的语言天分。

刘：史泰纳曾经在印第安纳大学有个暑期讲座，有一年我去听了，应该是一九六二、一九六三年吧。史泰纳的天赋再加上后天的环境实在不得了，精通多国语文。另外像俄裔的纳博科夫（Vladimir Nabokov, 1899-1977）本来就聪明绝顶，再加上他的保姆是英国人，教他英语，然后到德国、法国、英国各住几年，除了通晓德、法、英语三种语文，还加上母语俄语，别人怎么比得上。

翻译的理论与实践

单：你刚才用"动态对等"来谈翻译，这基本上是翻译的术语和理论。你认为翻译的理论与实践之间的关系如何？

刘：除了教书要跟学生讲几个术语以外，我对理论没有兴趣。研究翻译理论的人往往欠缺实务经验。像是葛浩文把莫言的作品英译得那么漂亮，这种功夫是任何翻译理论都不能涵括的。不过，理论也不能缺，不然怎么跟学生讲课？至于我的一些翻译见解都是从实作中得来的。

单：余光中老师也跟我说过，他的翻译理论都是从实际经验中归纳出来的。你自己在翻译时，策略基本上比较是属于归化还是异化?

刘:我认为"动态对等"就是一种很自然的翻译,译文只要恰当,管它是归化还是异化。有时候你会碰到一些例子是很自然的、现成的,谈不上什么异化或归化,像"傻子金宝"就是从"Gimpel the Fool"翻过来的。

单:这让我想到辛格的《傻子金宝》原先是用意第绪语(Yiddish)写成的。

刘:是贝娄帮他翻成英文的。贝娄本人就是一位文学大家,要是不看重辛格,就不会帮他翻了。

单:所以你的《傻子金宝》中译是从英译本翻译过来的,也就是转译。你在"Translating from Translation: The Story of Regeneration"一文中就提到根据译文再翻译的现象。

刘:我看贝娄的英译本翻得很动人,就爱上这本书,而且译成中文,但不知道我的中译本究竟好不好。有些比较冷僻的语种,通晓的人不多,只能透过类似英译本再译成中文,这就是两重的翻译,我称之为"再生缘",多少是个不得已的替代作法。

单:翻译研究中常提到直译、意译的争辩,你的看法如何?

刘:我认为争论直译还是意译没什么意思,要看原文而定,像《一九八四》是直译还是意译?译过来就是了!

单:我发觉你介入翻译的方式蛮多样化的,以翻译评论而言,就撰文讨论过他译、自译、重译、合译、编译。"他译"就是一般的翻译,你通常会检视译文是否忠实、流畅。

"自译"集中于中英双语人士翻译自己的作品，像是你讨论过张爱玲中英自译的特色与得失，也比较过余光中和叶维廉自译或翻译别人的作品，看看自译时是不是自由度比较高。你讨论的作品中也包括"重译"，这里除了不同世代的人重新翻译同一个作品，也包括了从其他语言的译本再行翻译，也就是"转译"。至于"合译"与"编译"，你除了写文章讨论，也有丰富的经验。能不能谈谈你早年与人合译、出版曹禺的剧本《原野》（*The Wilderness*, 1980）。

刘：那本书我只是名义上合译。如果我没有记错的话，原译者当时是硕士生，难免有不少误译。其实合译是很困难的，除非是夫妇，像杨宪益和戴乃迭（Gladys Margaret Taylor, 1919–1999）那样，否则是不可能的。通常是一个人译出初稿，找另一个人修润，这大概可以说是"共译"。

单：其实文学作品两人译比自己一个人译还困难。

刘：对，因为两个人的意见绝对不同，要怎么调解呢？所以我不赞成合译。

单：你编译过的书籍很多，尤其是中国古典文学、现代文学、台湾文学，以选集的方式呈现给英语世界的读者。

刘：我跟马幼垣编的那本 *Traditional Chinese Stories: Themes and Variations* 主要从南北朝开始，但也从较早的《史记》选了一篇，一路下来到清朝，而以唐朝、明朝的小说居多，可说是中国传统小说的教科书。这本书的译者很多是学生。为了审慎起见，我和马幼垣分工合作，译稿交来之后由他负责查核译文是否准确，我负责修润。

单：这本书的接受度如何？

刘：很好。这本书由哥伦比亚大学出版社于一九七八年出版，一九八六年起由 Cheng & Tsui Company 出版——这家出版社的名字用的是创办的这对夫妇的姓氏——在美国每年都卖出一百多本，尽管现在距离初版已经快半个世纪了。

单：一九九〇年我在加州大学尔湾校区（University of California, Irvine）英文暨比较文学系讲授中西叙事文学比较研究时，中国文学的部分很仰赖这本书，可见这本书在教学方面有多么实用。这本书还有中文版《中国传统短篇小说选集》，由台北联经出版社于一九七九年出版。当时怎么会想到要出中、英文两个版本？

刘：因为当时中文缺少同类的选集，而且中文版里有我们写的导读，现在这本书还在流通。

单：马幼垣跟你一样具有中华文化的背景，与他合作编译和与英美人士合作，有没有不太一样的经验？

刘：我合作编译的外国人有葛浩文和闵福德，都是翻译名家。葛浩文现在以诺贝尔文学奖得主莫言的英译者知名。我和他编译《哥伦比亚版中国现代文选》，合作愉快，从来没有什么争论。闵福德是霍克斯（David Hawkes, 1923–2009）的女婿，两人曾合作翻译《红楼梦》，霍克斯翻译前八十回，闵福德翻译后四十回。我跟闵福德编译《含英咀华集》比较波折，工作计划有些延宕，以致原先出版两册的计划缩减为一册。

　　单：你写过不少评论翻译的文章，对于翻译也有不少个人的看法。你在《唐人街的小说世界》的代序《借来的生命——我的文学因缘》中曾提到"翻译是我借来的生命"，也有一本书取名为《文字的再生》。如果说"借来的生命"是对你身为译者而言，翻译让你能活出另一种生命，"文字的再生"就意味着对作者而言，翻译是他们作品的再生与来生（"afterlife"）。如果作者知道的话，应该会感谢译者花了那么多工夫来翻译他的作品。

　　刘："文字的再生"就是 "linguistic regeneration"，就像叶维廉翻译余光中的诗《双人床》。我那篇文章有趣的地方是指出余光中自己英译的《双人床》和叶维廉翻译的完全是两回事，不见得作者自译的就特别好。翻译那首诗对叶维廉来说是文字的再生，但对自译的余光中来说则是 "recreation"（再创作）了。

　　单：《借来的生命》中不仅提到"借来的生命"，也强调从事翻译要"适才量性"，不要勉强翻译自己没有兴趣的作品。如果我们从"再生"谈起的话，这个议题其实也联结上"重译"。像是你也提过翻译的时代感，说每一代人都需要新一代的翻译。

　　刘："适才量性"是指一定要我认同的东西我才会翻译、介绍。至于"重译"的想法倒不是我率先提出的，以往很多人都提过。以俄国文学为例，第一代的英译者是嘉耐德（Constance Garnett, 1861–1946），第二代是马加歇克（David Magarshack, 1899–1977），第三代我就不熟了。嘉耐德用的是维多利亚晚期的风格，现在读起来觉得有点陌生，而马加歇克的用语和表达方式比较接近我们。一个时代有一个时代的语境，所以每个时代都需要有那一个时代的翻译。

单：你早年在台湾的《淡江评论》发表文章讨论翻译，像是一九八〇年就发表过"To Disillusion or To Disenchant? : Translation as Interpretation"。

刘：那篇文章是以霍克斯英译的《红楼梦》为例，说明翻译与诠释的关系。《红楼梦》里的警幻仙姑让贾宝玉看尽世间繁华，梦醒之后发现世间繁华原来不过是一场梦。霍克斯把警幻仙姑译为"Disillusion"。其实"警幻"有不同的译法，霍克斯用"Disillusion"这个字是出于译者自己的诠释，认为世间万物都是空幻，以此来警世，这是佛家的意思。如果用另一种译法，就是译者的另一种诠释。

单：即使对单一译者来说，有时也会面对不同的诠译与翻译方式，但到头来必须选定一个。

刘：在翻译的过程中会遇到种种不同的情况。像我把玛拉末的 *The Assistant* 译成"伙计"，是因为在故事里他就是卖杂货的，除了译成"伙计"也可译为"助手"，但就不太贴切了。辛格的 *Gimpel the Fool* 也是一样没得选择，只好乖乖地翻作"傻子金宝"。至于像赫胥黎的 *Brave New World* 要如何翻译，又是一种选择。

单：赫胥黎用的是莎士比亚的典故，在翻译时必须留意在原先语境里的意义和联想，因此应译为"美丽新世界"，而不是"勇敢新世界"。

刘：我就是这个意思。

单：你还有一篇文章名为"'Discoverism': Translation as Endorsement"，又是什么意思？

刘：其实字典里根本就没有"discoverism"这个字，是我自创的，翻译成中文就是"发现主义"。因为一九八〇年代初中国大陆改革开放，外界开始有机会了解中国大陆的情况，见到自己没见过的东西就以为是自己独特的发现，创造了一大堆莫名其妙的用语。我那篇文章就是针对这种现象有感而发。

寂寞翻译事

单：你做了很多翻译，必然有深切的感受。你在《旧时香港》中有一篇文章《寂寞翻译事》，除了提到翻译的寂寞之外，也提到这是个 thankless job（吃力不讨好的工作）。

刘："吃力不讨好"，那绝对是，绝对是。一般人忽视翻译的重要和译者的工作。看到翻译的作品好，就称赞原作者；看到翻译的作品不好，就责怪译者。其实，我们怎能不感谢荷马史诗和《圣经》的译者呢？怎能不感谢林琴南、严复这些翻译家呢？若是没有他们，就没有新文化的产生。林琴南至少有一样伟大的贡献，就是为国人打开了另一个文学的世界。他不通晓外文，但古文根底好，经由旁人协助，翻译了许多文学作品，风行一时。透过他的翻译，国人才晓得西洋的文学与文化。所以现在讨论到中国翻译史都会提到他，记上他一笔，连钱钟书都推崇他。

单：你在《读翻译，学英文》一文中称赞葛浩文、詹纳尔（W. J. F. Jenner）、卜立德（David E. Pollard）三人的文体"有个性、有气派、有文采"，像 stylist（文体家）。

刘：他们三个人的英文翻译真是很好，都称得上是文体家。我觉得中文译者的中文根底太重要了，所以张爱玲、余光中的翻译都自成一家，因为他们的中文底子好。梁实秋的英文应该到家，他的翻译，我不讲莎士比亚，我想他其他的翻译作品应该是很好，没有问题，中文很流畅。

单：一般提到梁实秋的翻译往往会说，他把莎士比亚的无韵诗（blank verse）翻成了散文。

刘：因为翻译莎士比亚的作品实在很难——翻译真是好苦啊！

单：虽然如此之苦，也是你所说的"寂寞翻译事"，但多年来你还是很积极地在做。

刘：苦透了，寂寞透了，但对我来讲就是好好活出借来的生命。

含英咀华，轮回转生

单：其实你的用心大家都看得见，比方说，你编译那些英文选集，译介中国古典文学、现代文学、台湾文学，套用你自己的说法，是希望读者能够"含英咀华"。能不能请你稍微阐释？

刘："含英咀华"这个典故出自韩愈，原意是要品尝文章的原粹，咀嚼文字的精华，但对出入于中、英文之间的翻译内行人来说，"英"与"华"也可引申为"英文"和"华文"。我和闵福德合编的 *Classical Chinese Literature: An Anthology of Translations* 的中文书名就叫《含英咀华集》，基本上希望英文世界的读者能透过自己熟悉的语言去了解中国文学的精华。这本书由香港中文大学出版中文版《含英咀华集》，这和先前出版 *Traditional Chinese Stories: Themes and Variations* 之后立即出版《中国传统短篇小说选集》的用意是一样的，不仅供中文读者阅读这些中国古典文学作品，也让中英双语读者有机会将原作与英译对照。基本上就是如此，没有什么太深奥的道理。

单：编译文选不只要选文章，物色译者，译稿交来之后还要检核、编辑、润色、接洽出版，工程很浩大。

刘：的确，所以 You wouldn't want to do it again!（你不会想要再做一遍！）

单：但是你却一做再做，除了为了自己上课方便之外，还是多少有点使命感，不然怎么会那么辛苦地做？从你所说的，我们可以归纳出你从事编译的两个动机：一个是借来的生命，另一个是学术服务。但我觉得你很谦虚，没有提到自己编译的选集对于美国学界的影响，尤其在中文文学教育与传播这方面。其实，这种教科书的编译在国外的中文文学教学与传播来说，贡献可能比学术论文要大得多。你曾写过文章谈文学的出口工业。如果把翻译当成文学的出口工业，那么你编译那么多英文选集也等于是中文文学的出口工业。

刘：的确是出口工业，所以需要包装，需要推销。像推销中国文学，如果只说："中国有五千年的文化！"但是外国人才不管你有多少年的文化。关键在于为什么要读中文？中文有什么优势？读了中国文学之后有什么用？怎么用？我在推销上主要用的是两种方式。一种就是比较实用的方式，跟人说读中国文学可以增加对于中国日常生活的了解，譬如有人将来当了大公司的总裁，在谈吐之间流露一些对中国文化的认识，有利于和中国人做生意。另一种就是通过学术的方式，找到好的翻译者，好的出版社，像是我们当初找的就是哥伦比亚大学出版社，这个招牌打出去就已经成功一半了。

单：你说起来好像很轻松，但要跟哥伦比亚大学出版社搭上线，而且得到他们同意出版，也不容易。你还主持过一个比较大型的中文翻译计划，就是翻译夏志清先生的 *A History of*

Modern Chinese Fiction（《中国现代小说史》）。

刘：那是一九六八到一九七一年的事，我那时在香港中文大学教书。其实这件事很简单嘛，主要就是找自己的老朋友、老同学一起做——水晶（杨沂）也有份，虽然我并不认识他。那本书的译者许多都是台大出身的，他们对夏先生本来就很敬仰，否则就不会接受我的邀请了，是吧？

单：香港友联版是一九七九年出版的。

刘：友联是香港很有历史的出版社，主要是出版教科书，赚了不少钱。因为他们是以出中学教科书为主，而出这本小说史的投资太大了，所以"按下不表"了三四年才处理。

单：对他们来说，注解这么多的学术专书在技术上也比较复杂。这本书为什么在一九九一年又由台湾的传记文学出版社出版？

刘：传记文学社社长刘绍唐先生很看重这本书，说要在台湾出版，不但签了合同，而且还郑重其事重新直排，谁晓得书还在印刷厂没拿到市场发行，街上就出现了翻版，让出版社亏大了！

单：那真是可惜。二〇〇一年香港中文大学再版这本书。

刘：香港中文大学出版固然很好，但很可能因为重排的投资太大了，所以只用了友联的版，前面加上我的再版序和王德威的文章。

单：上海复旦大学怎么也想到要出这本书呢？

刘：那是陈子善的安排。

单：由这本书多年来在两岸及香港印行的情况，可以知道它的重要性，而华文世界的读者是透过你的编译才能接触到这本书。夏先生对于这件事一定很高兴。

　　刘：是啊。他现在九十二岁了，身体不是很好。[①]

　　单：你还有一个角色虽然不是直接跟翻译相关，但是如果不把翻译的定义局限于字句的翻译，而是扩大到观念的传播，那么你这么多年来写的那些散文，或者说你谦称的"杂文"，里面传达了很多观念和讯息，也就是说，这些知性散文（intellectual essay）其实也达到一定程度的文化传播的效用。

　　刘：对，总归有一点。翻译是偏重于技术面，而理念是随处可及。我那些散文中有些以翻译作为话题，有些是介绍新知，传达观念。

　　单：不管如何，多少都能拓展中文读者的视野，增加对外在世界的认识。其中有少数是以中、英文版本分别呈现，是先有英文论文，再翻成中文？

　　刘：我先有英文再翻成中文的很少。

　　单：谈张爱玲自译的那篇是不是？

　　刘：《文字的再生》附录中的"Unto Myself Reborn: Author as Translator"的中文版是《轮回转生：试论作者自译之得失》，

---

　　① 本访谈一个多月后，夏志清先生于二〇一三年十二月二十九日在美国纽约去世，享年九十二岁。

但中文版绝对不是从英文翻译过来的，而是老早有了基本的架构，做些增减而已。

单：像这样有中、英两个版本的情况，是不是类似你讨论的张爱玲和余光中的自译？也就是说，作者（author）本人有更大的权威（authority），在针对另一种语言的读者时，有比较大的挥洒空间。

刘：身为作者，我会希望保留内容大意，但绝不会逐字逐句翻译。何必让自己束手缚脚呢？我觉得中文和英文，或是任何两种不同的语言之间，都不会有太多的共同点，各有各的世界和表达方式。像"Unto Myself Reborn"这句英文很漂亮，中文为"自我再生"或"轮回转生"，就不如英文漂亮。

单：英文标题"Unto Myself Reborn"有没有什么典故？

刘：没有。我起初想到的观念就是轮回再生，但英文就很漂亮。

译评与译者的角色

单：你也写了不少有关中翻英与英翻中的译评，其中还涉及一些名家的翻译。请问你在从事实际的译评时，主要的标准是什么？

刘：我那些文章还不算很严肃的译评，比较属于广泛的讨论。像我讨论过白之（Cyril Birch, 1925–）编译的一本书，指出他的翻译有很多误读，但这是没办法避免的。韦理翻译《西游记》就免不了有些误译，像是把"赤脚大仙"翻成"Red-footed Immortal"。但掉过头来，我们翻译英文著作时说不定也会犯类似的错误。因此，和母语人士合作是最理想的方式，像杨宪益和戴乃迭夫妇就是很好的搭档。

单：你对自己在翻译方面如何定位或评价？

刘：毫无定位或评价。我跟你说过，有关生死的观照，我台大的老师吴鲁芹说过的话最堪记取："但求速朽"。

单：你对未来的翻译或译者有什么期许？

刘：最好是有专业的、全职的译者，由国家培养出来的人来做翻译，让他们做"受薪阶级"好了，否则待遇这么低，除了像我们这些自投罗网的过河卒子，还有谁去干？

你在"中央研究院"是不是可以发起像当年外译局那样的计划，或者提供大学老师或研究人员一个翻译计划，让他们向学校请假一年，专门从事翻译，这段时间照领薪水，可以不用担心生活。只有从大学里面着手去找出路，否则我想不到有什么办法。

单：对。我自己也翻译过一些书，都可说是"labor of love"，甘愿做，欢喜受，不为名利。我最近与人合作主持了一个有关亚美研究的大型翻译计划，《全球属性，在地声音：〈亚美学刊〉四十年精选集》（*Global Identities, Local Voices*:

Amerasia Journal *at 40 Years*），上下两册，超过九百页、六十万字，在台湾出版。① 所有的编者、作者、译者、助理都是义务协助，只因为大家认为这是一件很有意义的事。一般说来，翻译因为在现行的学术绩效评量上不算数，难免担心会被说成"不务正业"，但是我自己心里很清楚这些翻译的作用和价值，好的原作加上好的翻译其作用远远超过一些没有创意的学术论文。现在台湾学界对于翻译的认知虽然有些转变，但程度还是不够。目前大学老师在提升等时，翻译顶多可列为参考著作。

刘：像现在这样的情况，去做翻译的人就只能是自己心甘情愿，不能要求太多，因为回报太低了。

单：虽然物质上的回报很低，不过我自己的生命却因为翻译而丰富了许多，就像你所说的，是个人生命的成长，就像借来的生命。

刘：对于翻译，我一点也不后悔，真的，否则我就不会做了，是吧？

———————

① 《全球属性，在地声音：《亚美学刊》四十年精选集》上下册由笔者与梁志英（Russell Leong）、唐·中西（Don T. Nakanishi）合编，由台北的允晨文化于二〇一二年九月与二〇一三年四月相继出版，各五百一十页与三百九十八页。此书精选亚美研究顶尖期刊《亚美学刊》四十年来的代表性作品，由笔者出面邀请学有专精的学者与译者译成中文，为该学刊跨出英文世界的首度尝试。

附录：刘绍铭翻译与编译目录（仅注明初版）

英译中

1970　玛拉末（Bernard Malamud）著：《魔桶》（*The Magic Barrel*），香港：今日世界出版社。

1971　《伙计》（*The Assistant*），玛拉末（Bernard Malamud）原著，香港：今日世界出版社。

1971　贝娄（Saul Bellow）著，刘绍铭、颜元叔合译：《何索》（*Herzog*），香港：今日世界出版社。

1972　辛格（Isaac Bashevis Singer）著：《傻子金宝》（*Gimpel the Fool and Other Stories*），台北：大地。

1979　夏志清（C. T. Hsia）著：《中国现代小说史》（*A History of Modern Chinese Fiction*），刘绍铭编译：香港：友联。

1984　奥韦尔（George Orwell）著：《一九八四》（*Nineteen Eighty-Four*），台北：皇冠。

中译英

1976　编译：*Chinese Stories from Taiwan: 1960-1970*, New York: Columbia University Press。

1978　与马幼垣（Y. W. Ma）共同编译：*Traditional Chinese Stories: Themes and Variations*, New York: Columbia University Press。

1980　与 Christopher Rand 合译：*The Wilderness (Four-act Play by Ts'ao Yu)*, Bloomington: Indiana University Press。

1981　与夏志清（C. T. Hsia）、李欧梵（Leo Ou-fan Lee）共同编译：*Modern Chinese Stories and Novellas: 1919-1949*, New York: Columbia University Press。

1983　编译：*The Unbroken Chain: An Anthology of Taiwan Fiction since 1926*, Bloomington: Indiana University Press。

1995　与葛浩文（Howard Goldblatt）共同编译：*The Columbia Anthology of Modern Chinese Literature*, New York: Columbia University Press。

2000　与闵福德（John Minford）共同编译：*Classical Chinese Literature: An Anthology of Translations (Vol. I: From Antiquity to the Tang Dynasty)*, co-published by the Chinese University Press （Hong Kong） and Columbia University Press （New York）。

评论暨翻译

1981　《唐人街的小说世界》，台北：时报文化。

1983　《渺渺唐山》，台北：九歌。

学术篇

齐邦媛与主访人合影。（单德兴提供）

曲终人不散，江上数峰青

齐邦媛访谈录

主访人：单德兴、王智明
二〇〇九年五月二十三日
桃园龟山长庚养生文化村

前　　言

　　齐邦媛教授于抗战期间就读武汉大学外文系,受教于朱光潜、吴宓等名家,一九四七年应聘来台担任台湾大学外文系助教,开启了与台湾外文学界数十年的因缘。后来前往台中,推动成立中兴大学外文系,担任首任系主任,并于编译馆人文社会组主任任内,致力改革教科书,推动中英翻译,促进文化交流。在台大教授任内,与多位中、外文系学者提倡比较文学,蔚然成风,影响深远。齐老师曾多年担任《"中华民国"笔会季刊》(*The Taipei Chinese PEN*)主编,近年与王德威教授为哥伦比亚大学出版社合编"台湾现代华语文学"(Modern Chinese Literature from Taiwan)系列,向国际推介台湾文学不遗余力。

　　本访谈于二〇〇九年五月二十三日在桃园龟山长庚养生文化村进行,当时她的回忆录《巨流河》已进入紧锣密鼓的阶段,预计于七月七日对日抗战纪念日出版。尽管如此忙碌,齐老师仍拨冗接受我和王智明博士的访谈,因为我们对外文学门在台湾的建制史一向具有高度兴趣,当时也在构思相关计划,其中一部分涉及后来"国科会"进行的"百年人文传承大展"整合型计划。

　　当天由我开车载着王博士和谢育昀助理同往,就在齐老师笔下这间"最后的书房"里,由我和王博士进行访问,谢小姐录音、摄影，前后约两小时。齐老师的记忆奇佳，谈兴甚浓，时而会超出我们设定的议题，并不时取出数据和老照片佐证。访谈结束后，齐老师循例请访客到楼下餐厅用餐并闲话家常。

访谈全稿由陈铭杰先生誊出。鉴于其中有不少关于英美文学与比较文学在台湾发展的第一手资料，以及相关的教材与教学经验，颇具参考价值，于是二〇一三年一月请王博士编辑并加大小标题，我修订两遍后于农历年前寄给齐老师过目。因为齐老师正忙于编辑一本与《巨流河》相关的新书（即二〇一四年出版的《洄澜：相逢巨流河》），所以我不敢催促，只在信中请齐老师过目，并看有无可能于两周内完成。数周后接获高龄八十九的齐老师寄回的访谈稿，在注明三月二十五日的小信札上写道："不知何故，我一起始就动了增删的兴致，竟致大大地做起来了（口语自嫌啰唆），终至停不下来，做了多日（江山易改，本性难移）。"再看访谈稿，只见她在标题上用红铅笔打钩注明"好题目"，内文也做了不少修订，少数地方并大加补充，空白不足处甚至贴上贴纸，认真仔细，一笔不苟，前辈学者对文字的敬谨令人佩服。修订稿由协助誊打《巨流河》、熟悉齐老师字迹的黄碧仪小姐整理。

初见台大

单德兴（以下简称"单"）：能不能请你谈谈初到台大的情景？

齐邦媛（以下简称"齐"）：我是台大外文系第一个从中国大陆来的助教。一九四七年我到台大，那时大批日本人刚走，在外文系留下了两屋子的书，堆得半屋子高。我猜想，日本人因为战败后遣送得很快，把舍不得丢的、认为是好的书都送到外文系，就倾倒在办公室里，堆满房间，没有任何秩序，而且上面多半盖有"昭和 X 年"的戳章。这些不是学校的书，而是日籍教授私人藏书，临走时急切之间留下的，都是很好、很开眼的书。我差不多花了一整年的时间收拾。

单：大概有多少本？

齐：差不多有半面墙这么高，而且屋子蛮大的，应该有几千本。我没学过图书馆学，不知道怎么整理，就照大学毕业生的了解去整理那满地的书，真是大工程，整理出来后就送到文学院图书馆，后来系里头做了些书柜来摆放一些珍选的书。

单：你怎么分类？

齐：我把纯创作和评论分开，创作再根据诗、散文、小说等分类，抒情写实的散文很少，都是非常学术性的东西。我甚至连英、美文学都没分得太清楚，因为那时我也不很清楚现代作家中哪一些是英国人、哪一些是美国人。

单：当时台大外文系的教学情形如何？还有日本教授任教吗？

齐：就两个日本教授，后来我也查到他们的名字了，他们还常常在文学院图书室的一个玻璃屋里坐着。因为当时我太恨日本人了，所以从来不理他们，连话都不说。他们在那里坐了一年才走。①

① 根据一九九八年十一月《台大校友季刊》第八期林秀美的《帝大理农工学部简介暨帝大之移交》一文（http://www.alum.ntu.edu.tw/wordpress/?p=2768），一九四五年十一月国民政府正式接收台北帝国大学，更名为台湾大学，由罗宗洛代理校长，由于当时大陆教员不足，因此改制后第一个学年仍留用不少日本教师，其后两年间陆续返日，当年留在文学院担任西洋课程的日籍教员为矢野禾积（西洋文学）与淡野安太郎（西洋哲学）。

单：你跟那些日籍教授虽然没有直接的来往，有没有听到对于他们的风评？

齐：我提到他们就生气，从来没想过要跟他们说话，那时候是一九四七年，我们一九四五年刚抗战胜利，才是前年的事，我看到他们时不去打他们就算好的。

王智明（以下简称"王"）：刚到系上的时候，记得有哪些学生吗？

齐：我不记得有哪些学生，但好像没有台湾的学生。

单：我看到一份资料上说，你之所以会来台湾担任台大外文系的助教，是因为台大理学院马廷英教授的缘故，他就是马国光——作家亮轩——的父亲。

齐：他那时候到上海去找理学院的教授来台任教。他是一九三七年从日本回中国的，是我父亲（齐世英）吸收回来的抗日分子，真正的抗日伙伴，在中国的住址就是我家，彼此很够交情。他在日本待了十七年，是非常有名的珊瑚礁专家，在那边是个小小的国宝，日本政府不让他走，所以他是逃走的。他回大陆的情形有些像钱学森（中国导弹之父），不过钱学森是中国国务院出面与美国政府交涉，而马叔叔则是自己想办法逃走的。其实他始终很爱日本，他的人生就是日本的人生，生活方式就是日本的方式，我母亲说他就像腰带上拴个毛巾的那种日本人，可他就是要做中国人。抗战时期日本人把东北搞成那样，他知道不能跟他们再生活下去。等到离开日本后才写信给他的老师，说自己实在不能不回国，因为受不了日本对待中国的方式和态度，尤其因为他是东北人，更不能接受。他的老师也能谅解。马叔叔是个很精彩的人。那时他至少三十七岁，因为我父亲是一八九九年生的，他应该也差不多。由于他在大陆

181

的时候都住在我家，看我大学毕业后在上海那边晃悠，就找我到台大去工作，因为当时大学毕业很难找到助教的工作。

单：当时台大外文系系主任就是饶余威吗？

齐：恐怕在他之前还有，我不知道，但我在的时候是饶余威，他也在美国新闻处工作。

单："美新处"的人来台大这边当系主任？

齐：大概因为他有学位吧。

单：后来系主任是王国华？

齐：对，王国华先生之后才是英千里先生（英若诚之父），我都赶上了。

单：在他们三个人任内，系里开课的情况如何？

齐：也开不出什么课来，就这几口人在那儿耍。还有钱歌川（时任台大文学院院长），以及日据时代留下的两位台湾教授：苏维熊和苏芗雨。我记得王国华是教语言学的，钱歌川大概教散文跟小说。当时太萧条了，老师连学生顶多三十个人。我看他们没有开什么课，尤其是日本人开的课，我连听都不要听，想都不要想。中文系的我只认得几个助教，像是叶庆炳、裴溥言、廖蔚卿，还有台静农老师，他比我早一点来台湾。

单：那时候的学生是本地生还是大陆来的？余光中先生是台大外文系毕业的。

齐：我在台大时不知道他。他在大陆已经念了几年大学，比我小四岁，我来那年二十三岁，他顶多也才上大学。我只记得当时的两个助教，一个是侯健，一个是戴潮声。

单：原先好像其他的系都有助教，就是外文系没有助教。

齐：钱歌川老师那时有份签呈上说，中文系有三个助教之多，而外文系一人皆无，现在亟须要至少从助教开始聘人。编台大校史的历史系李东华教授把签呈的复印件寄给我。马叔叔找我来的时候，并没有说做不做，只是说那里在找助教，我这种人当然适合当助教，但我父母心想：你一个人上台湾简直是匪夷所思。

我的办公室大概是左边16教室楼上那一带，对着后面的方庭。黄檀树那时干干巴巴的，小得不得了，没有人要看它，现在据说是名树了。后面那边的屋子原来是茶房，大概就只两坪（不到七平方米）大，放了一个大炉子烧热水，现在都盖起楼了。有一次暴风雨后涨大水，小院子就淹了，工友老王还是老李把我从那院子背出去。我只九十多磅重，但是很重要，因为当时外文系就我一个人撑着。（笑）

单：你在回忆录（即一个半月之后出版的《巨流河》）中也提到，外文系的一些公文、讲义都由你经手，印象中比较重要的公文是哪些类型？

齐：我不懂什么公文，只是学校来的许多通知都登记上。饶余威先生一个星期来三四个上午，开着小吉普车，来了以后就问："Miss Chi，有没有什么公文？"我就把公文给他，我认为那是他的事，所以我看都没看。刚来时太年轻了，什么都不懂、太浪漫了，哪里会管这种事。

单：有没有打过哪类的讲义？

齐：全校的大一英文教材都由我一个人打字——我也不知道全校有多少人——那时候把它很当回事。另外有印象的是英千里先生，我跟他同事大约一学期，他有时中午带我去校门口篷子搭的小馆吃阳春面加一个卤蛋。我也见过傅斯年校长，傅校长的手很有力，在reception（欢迎会）上跟每个人握手，我的手都给他握痛了。（笑）

单：傅校长可是台大精神的代表人物。

齐：我觉得和傅校长曾经共同在台大是很了不起的光荣。当年最好的人都去当北大、清华校长，所以他来当台大校长也不是什么不寻常的事。我那时候来往的师长、家庭的朋友都是这样的人，所以也没觉得傅校长特别怎么可怕。经过很多年再来看，当年大陆来的人都蛮不错的。

单：全校的大一英文都是些什么内容？

齐：当然免不了有"Rip Van Winkle"（《李伯大梦》）。那是我父亲在中学时就读了的文章——他念的是英国教会学校，我在中学时读，我的学生又读，现在恐怕还有人在读，这真厉害。有一天我在大一英文班上教学生《李伯大梦》，回家吃饭的时候不知怎么地说了一句，我父亲就背下一句，我说："你怎么知道?！"他说："我念过。"你想那是多少年了？他读的时候应该是一九一五年左右的事了。

单：读的是欧文（Washington Irving, 1783–1859）的原文，还是简化的版本？

齐：都是原文。

单：还有些什么内容？

齐：我在《初见台大》里提到，还有霍桑（Nathaniel Hawthorne, 1804–1864）的"The Great Stone Face"（《人面巨石》），都是纯文学，都是很好的东西。

单：你是说全校的大一学生都读这些文学作品？

齐：对，因为是我打字的，就是打到蜡纸上，打错字要用一种药水改，必须用左手把蜡纸轻轻托起，不让化学药品沾到键盘上。有时候要打复写纸，底下蓝蓝的那种纸，错一个字要改三份，可是上面改了，下面又印坏了，所以改的话要有很高的技术，改一个字要半条命，所以打错字是很严重的。我记得光是讲义就整整打了一个月，因为我原先不会打字——抗战的时候没有人打过字，可能有打字机，但至少我没见过。打字对我一生很有影响。钱老师很凶，要我把教材拿去打，我说没打过字，他说不会打字怎么当助教，就拿了一本打字手册给我。我就极恭谨地按正规教练这样打起，一个字一个字地练，后来很纯熟。我在编译馆时跟我的秘书比赛，自以为比她打得又快又好。

中兴外文系与比较文学学会的推手

单：你后来离开台大，就到台中去了？

齐：离开台大后，我到台中，有三年半在家里，什么都没做，只是生小孩，洗奶瓶和尿布，照顾家庭，后来到台中一中教了五年书，其间因为考取了美国国务院战后文化交流计划，也就是 Fulbright Exchange Teachers' Program（傅尔布莱特交换教师计划），于一九五六年到过美国半年。

单：后来有机会于一九六七年再度到美国进修时的情况如何？

齐：我在美国印第安纳大学念书时，读了几个不同的课程，第一年读戏剧，悲剧加喜剧一共二十八本必读材料。每天早上起来，吃几口面包后就读起来，差不多一天要读一本，不然来不及完成一个学期的课业。

王：书单是学校老师给的？

齐：是规定的，因为老师是美国人，没想到你没念过，就像在中国的大学，《红楼梦》《三国演义》还需要人家指派吗？不需要，你根本就会嘛。那种苦简直是无法言说，所以王德威说："不知道你们念书是那样个念法。"因为我已经不是在念书，而是在抢时间，我只有一年的时间，后来延长了半年，不敢说念学位，只是把学分念完，我连暑期班也上。当时我什么杂课都不上，就是希望能在短期内把我要用的都抓到，而且那书单真是宝贵。我不相信我的学生会像我这样念书，因为现在他们有很多时间、很多钱。我那真是叫做苦读，是二十八本乖乖念完，读到眼眶都会觉得酸痛。有一本喜剧 *The Birds*（《鸟》，希腊剧作家亚里斯托芬尼斯［Aristophanes，约公元前450-385］之作），其实那本书很容易，书里讽刺人到了鸟国以后就是一只鸟，在原名如 Socrates（苏格拉底）之后都有一个鸟的名字，里面充满了名字跟角色的背景，很多的嘲讽。而很多名字是我们不知道的，所以要把每只鸟原来是什么都要查出来。这一点都不是在念书，而是在苦拼。

单：很可能只有经过这样的苦拼才能开拓出后来的视野。这对于你后来创设中兴大学外文系有什么影响？当年大学的外文系并不多，你如何设定系的目标？

齐：我多少参考了自己当年苦拼的精华，譬如我告诉教莎士比亚的美国籍老师，悲剧一定要教三四本，喜剧要教三四本，历史剧要教三四本，而且书单要给我看，在这方面我是很专制的。

单：那是一学年的课吗？

齐：是的。因为我去美国之前，有一个比颜元叔还早的台大毕业生陈颖教授，他在美国算是有地位的汉学家，我和我先生请他吃饭。我先生觉得文人都爱喝酒，就准备了点酒，他乐起来就喝醉了。喝醉前他讲，他在台读书有十大恨，其中最恨的就是教莎士比亚的老师，一学期教两本，一学年教四本。他说自己只晓得哈姆雷特是什么。到了美国，悲剧、喜剧、历史

剧的分际全都不知道。他讲到第三恨就喝醉了，后面七恨就不知道是谁了。（笑）

我一生教书，很诚恳地说，我绝不要做学生的十大恨，所以我告诉在中兴大学教莎士比亚的老师，学生是死不了的，三种各教三本，如果可能最好教四本。我最反对中国人教外国文学用翻译法，譬如"乡村的路是这么的遥远"，英文本身就很清楚，根本不需要你念嘛，可是很多人都这么教，一句英文、一句中文，既浪费时间又翻译不好。所以我反对用翻译法教外国文学，如果用笔译法让学生念书则可以，因为那是斟酌过的。那样不同的文化怎能用现代中文来讲？

单：你觉得你所设立的中兴大学外文系跟其他外文系比起来有什么特色？

齐：学生们一般知道的很多，虽然他们未必在学术上有成就，因为后来也只有少数做学问，但至少没有十大恨。台大有个学生在我班上上了浪漫时期文学，后来去哈佛念博士学位，选浪漫时期的课，把系里的书单寄给我，感谢我没让他跟不上。那时候我其实感觉蛮安慰的。我们从前的外文系老师都不讲这么多，但朱光潜老师是很少有的，他什么都讲，真的是很规矩的老师，一点儿也不耍大牌，不会把学生当做看你表演的观众。我教书非常规矩，他们记不记得、做不做得到，我不管，我常常说："你们去公墓看看，有哪一个是念书念死的？"那时候教英国文学史，我最大的希望是能教到一九六〇年代、甚至一九七〇年代。我自己当学生时只念到朱莱敦（John Dryden, 1631–1700），一七〇〇年以后的英国文学我就不知道了。以致别人讲"a storm in the teapot"（"茶壶里的风暴"），我信以为真，还问："What kind of teapot？"有个比利时人

Miss Baker 说："You can't be serious."（你不是当真吧。）我就去问那个老师，他来过台湾当交换教授，我说为什么他们讽刺我？他跟我说这是波普（Alexander Pope, 1688-1744）的诗，我没念过，后来就去图书馆找来念，那时候我是傅尔布莱特交换教师，所以那种挫折感是很难解释的。那时候傅尔布莱特名义上是交换，但能考上是不容易的。

王：你教书时，有没有希望学生往哪边发展？或是说，希望他们英文变得很好、出去念书，等等？

齐：我有一个基本原则，我不觉得英文是我的责任，你来我这儿念书，英文应该已经是你的工具了，你应该了解文学里的东西，像是台大学生应该是很优秀的，我认为每个学生都应该已经能使用英文了。后来在台湾外文系教书的有很多是我的学生，我想他们都在水平以上。我教书时没有考虑到他们的英文，认为他们的英文能力应该都足够，如果不会就去查，查不到甚至可以问我，因为我也不是那么可怕，但是我上课的内容很充实。

还有，我觉得文学是有 feelings（感觉）的东西，所以我并不羞于把感觉加上去，但我不是 sentimental（情绪性，多愁善感）。我教书很重视文学感觉，这也是朱光潜老师的作法。我在书里写道，朱老师上着上着课，眼泪一串串流，把眼镜摘下来，然后把书阖上，拿了书就离开了教室，因为他已经不能再念下去了，全班人目瞪口呆，因为我们心目中的他很凶，但怎么会这样？就是因为他太动感情了。我不会掉眼泪，也不会叫人看出来我在流泪边缘，但我教好的作品真的是非常投入。

王：你觉得学生里有没有传人？也就是，有没有能发扬你文学教育想法的学生？

齐：我不知道他们怎么想、怎么做，因为我那种作法有点旧式，而他们现在太新式了。这问题我从来没想过。我有很多精彩的学生，但都不是在外文学门这一行，有些人在某些地方还是会用你的某些话来说、来做，可是完全做我这一行、像我这么教的，我还想不出来。

单：也就是说，你教出来的学生散布在各行各业，但你对他们的见识或为人有影响。

齐：我只是他们的几百个老师中的一个，可是有些人记得我，大概是我傻傻地说过这些话，甚至他们本身也不一定赞成，但我说得很诚恳，他们也知道我很诚恳，像我这种傻瓜，与世无争不也很好？！

单：你是不跟人家争，但默默做了很多事。

齐：我是一个教书的人，必须负责而务实。我不赞成上课时天马行空式地说些没根据的话。学文学的人最大的问题，就是别人会误会你是情绪性的人。我承认，有时候我好像有点情绪性，但总是有根据的，我记得上课的重点。

单：你参与创立的机构，除了中兴外文系外，还有比较文学学会。

齐：这是你的客气说法，中兴外文系不是我个人创立的，但我确实是持久的推手。比较文学也是大家约了一道做的。我个人其实一直有个很小的目标：在我教的学生中培养出一些真正的文学人才。当时中兴大学有文学院，底下有历史系、中文系、图书馆系，但就是没有外文系。所以我一直鼓吹，在校内任何地方开会，我都会站起来说外文系的重要。

单：你是用什么理由说服校方设立外文系的？

齐：我说我们是中部唯一的公立大学，其他都是私立大专院校，像是东海大学和静宜英专。既然我们大学招的学生水平不错，就应该有外文系，促成人文研究的完整，而且可以带动读书风气。他们都知道我不是爱出风头的人，不会去自我宣传，但是提到成立外文系，我就会站起来发言。

单：你历经三任校长才促成此事？

齐：我在中兴大学十三年，推动外文系是我教大一、大二英文的时候，中兴大学的前身是省立农学院，改制为大学之后我就开始在推了。台湾的公立大学最早有外文系的只有台大、师大、政大，我教书的时候中正、中山的外文系都还不存在。

单：当时的中兴外文系用了哪些教材？

齐：当时我们用了一些新东西，因为我到中兴大学的时候刚从美国回来，读了些硬书，见过一些世面，所以编的东西就蛮复杂的。以前有几篇最基本的教材，其中三篇最重要的文章就是"Rip Van Winkle""Seeing People Off""My Fellow Traveler"。"Rip Van Winkle"是我父亲那一代就传下来的，大概传了五六十年，中间经过抗战，到台湾还教这个，我编教材时好像还保留过一阵子，"My Fellow Traveler"跟"Seeing People Off"就不再用了，因为实在是太久了。我看到儿子念书时居然也念这几课，真可称为惰性教材。

单：台大颜元叔老师也编了《二十世纪英文读本》，你们谁前谁后？

齐：我们因为在台中比较不知道，我猜想差不多是同时，可是没有彼此商量。他们有一个二十来人的组织在做，我们只有两三个人，所以我做的那本已经不错了，但比不上他们，他们那本涵盖范围较广。你是哪一年进政大的？

单：我是一九七二年进去的。

齐：那就是我在中兴的时候。

单：我记得那时候政大的大一英文读本也是薄薄的，蓝色封皮，没什么内容，而且是选着教，不会全本都读。

齐：恐怕也有"My Fellow Traveler"。

单：我没什么印象了，但余光中老师担任系主任时修订读本，扩充了许多，内容很丰富多元，在我大二时出版。你主持中兴大学外文系系务时主办过第一届英美教学研讨会，在回忆录中还特别提到这件事。能不能谈谈那个研讨会对台湾的英美文学教育的作用？

齐：主办那个会议主要原因是我当时负责推动新成立的中兴外文系，在台中感觉很孤单。同在台中的东海大学和静宜英专各有教会支持而自成系统。因此我就很希望能跟全台湾的同行聚一聚，一起谈谈教学的事，互相有点帮助。我召开这个会议蛮成功的，全台湾的外文系都来了，那时不到十所，而且真正讨论了一些问题。在那个会里，除了大一英文已经更新教材之外，我们中兴跟台大都同意要教一年的中国文学史。我说，我很多学生出国去读比较文学，应该对中国文学有一个整体的学术认识才行，所以我提议将中国文学史改为必修。

单：是四年级必修吗？

齐：中兴是三年级，台大好像是二年级，更早。那个会议最重要的是建议将中国文学史列入必修，而英国文学史应该读作品，不要光读简介，两年必修。

王：当时对美国文学有什么决定吗？

齐：美国文学是必然有的。坦白说，美国文学的资料就是那么多，即使在美国也是没法跟英国文学比，我在印第安纳大学的时候，美国文学还属于英文系的美国文学课程。所以美国文学一年必修 survey course（通论），没有问题或争议，都是用那本 *The American Tradition in Literature*（《美国文学传统》）。

单：我当年在政大念书时就是必修两年英国文学史（大二、大三），一年美国文学史（大四），一年中国文学史（大四）。

王：你教英文文学，有没有特别喜欢、特别愿意教学生的，或是常常教的文本？

齐：我自己比较有把握教的是浪漫时期到二十世纪，可是有几年也得教前面的时代，其中我最有兴趣教的是 *Beowulf*（《贝奥武夫》），花了一些精神钻研。我非常喜欢《贝奥武夫》整个格调，而且很难想象那个时代的一些东西。我记得在念书的时候，一位老师说，你能想象在那种时代的维京人（Vikings）吗？在洞穴里有一把常燃之火，就一把火在那儿，因为那是很粗野的时代，所以这把火是很大的象征。当然我对邓约翰（John Donne, 1572-1631）也很有兴趣，可是那时候我教英国文学前半部的机会比较少，大概只有四五次吧，浪漫时期则教了十几年，也不是因为我喜欢而已，而是那时候恰好就这么分配的。其实，文学史不是文学批评，不是文学欣赏，也不是专题，必须告诉学生时代承续与断裂的来龙去脉、重点，还要阅读文本。

单：那时候比较文学学会开始推动了吗？

齐：我们是在一九七〇年代初推动的。那时候对于中国文学的观念很强，觉得这是自己的本位文化，应该念好，而且外文系跟中文系也开始真正的联系，最早是台静农老师为外文系开中国文学史的课，然后是叶庆炳、林文月、柯庆明，多么厉害的阵容！叶庆炳老师跟我们常常来往，在比较文学学会的发起书上连郑骞老师和林文月都签了名，这真是太难得了。

单： 叶老师在《文学杂志》的时代就已经跟外文系的夏济安等人合作了。

齐： 叶老师那时候就跟我们挺好的，我跟他同时当助教，他在中文系，同时期的助教还有裴溥言、廖蔚卿。裴溥言后来教诗经，她先生糜文开教印度文学，他翻译的印度文学到现在在台湾都还是最好的。我们那时候对中国文学非常认真，因为我们都在比较文学系念过书，都知道在国外你算什么呢？人家都搞德国的、法国的、英国的，中国人在那儿就好像看着人家在高空飞来飞去，自己却进不去。其实你自己的东西也蛮好的，为什么不能参与呢？所以要加强自己的中国文学的背景，因为出去念比较文学多少要有自己真正拿得出来的东西。

只因"朱颜改"

王： 刚刚听你谈了很多，特别是提到文学人才以及文学感情的培养，这部分能不能请你再多说一点，或是有没有比较清楚的例子？因为这跟现在外文系重视理论与批评的教学方向不大一样，很想知道那个时候你是怎么看待文学教育的。

齐： "朱颜改"（编按：指当时台湾大学文学院院长朱立民、外文系主任颜元叔改革外文门的教育）以后，新批评（New Criticism）当道，我们对文学理论研究得很厉害，也有些不错的、有学问的学者，但是文学创作的热情没有了。当然也有些文学运动，像剧场运动、各式各样的，做得很多，但其中最精髓的文学感觉却稀薄了。在我工作那些年，差不多一九七〇到一九九〇年这段时期，我们所举办的比较文学年会和英美文学年会都是讨论理论，根据理论而做的东西，甚至主题都是由某一个理论来决定。大家谈起理论来都头头是道，参考数据很丰富，英文都很灵光，但是后面缺少了什么。像白先勇他们当初想去写点东西，确实是因为一种感觉，他若是在一九七〇年之后上台大也许就不会写了，因为他必须努力研究各种文学理论。文学理论也许真的妨碍了很多外文系有才华的年轻人去创作。文学理论太多，而且变成一种近乎科学式的论述，无数的理论、想法、辩论，却没有什么鼓励跑野马的想象力和热情的空间。像夏济安那些人也不过就念了个大学，连博士学位也没有，和我一样，但是他真的有文学感觉。

当年白先勇之所以写《台北人》，是因为他跟着夏济安那一批人才有那种启发，文学感觉是这样出来的，自信也是，共鸣也是。外文系被革新为"现代化的"外文系之后，师生间的文学交流和文学感动没有了，年纪轻的学生像写《台北人》那种东西的勇气也没有了，灵感给吓跑了。开始尊崇新批评以后，我们很少有用感觉写文章的学生，这也已经有三四十年了。《巨流河》这本书写得这么晚也许与这也有关系，因为新批评当道时，你不能写这种东西，会被说成简直是哭哭啼啼的干什么，我自己也缺少自信。

曲终人不散，江上数峰青

单：李东华的文章里提到，陈仪想要插手台大的人事，当时他属意的文学院院长人选是朱光潜。你是朱老师的学生，这事知道一些吗？

齐：我知道朱老师是想来的，因为他明知他的美学理论当权者是不会接受的。我看过朱老师晚年幸存的一篇文章，说他老了以后，有人问他：你这一生自己最满意的作品是什么？他说：我最满意的作品都是在解放以前写的。那就是我念书的时候，因为我是他最后几班的学生。他没来的原因主要是家庭牵挂，或者他不相信会迫害得那么厉害。朱老师若是来了可以做些正经事。他那时候才四十七八岁。我一直希望写一篇纪念他的文章，但他后半生的事我知道得太少。在台湾读他书的有几百万人，六十年来高中和大学一年级用他的书做辅助读物、课外读物。

单：我读大学时还是戒严时期，所以《谈美》《谈文学》《文艺心理学》这些书或者不挂作者的名，或者用"朱孟实"这个名字。对我个人而言，在知识的启蒙时期，《谈美》和《谈文学》这些自己的课外读物发挥了相当大的作用。你觉得自己从朱老师那儿学到什么？

齐：我今天几乎所有对文学的兴趣和看法都受他启发。我确实相信我是个对文学有感觉的人，但那感觉也是在他的鼓励之下才发现的，否则只能说你爱看书，或是像他们讲的多情或幼稚。

朱老师是桐城派的传人，他是桐城派敲打出来的文人，所以他的中文底子非常非常的深。他在欧洲十年是真念书，不是嚷嚷就走人。他教我们的时候只有那么些课本，又是抗战，缺乏资源，所以我们上课用的教科书都是自己抄的，上课前抄完，上课时念。他影响我们的是才情，也许他有意无意之间启发了些什么。

王：那些笔记还在吗？

齐：在啊！（取出当时的笔记本，置于桌上，笔记本上的字迹工工整整）当时的笔记原是翠翠的浅蓝，漂亮得不得了，用的是一种可以沾墨水的笔在宿舍做功课，不能带去教室。我上课前有时候用墨水笔先写上，有时候用铅笔写，回去再拿墨水笔描，那颜色就会深一点。这些东西真是宝贝啊，怎么丢也没丢掉它们，因为舍不得。

朱老师上课偶尔会用一点中文，有时候讲几句中文的诗，他最喜欢"曲终人不见，江上数峰青"这两句。抗战那个时代什么都没有，伙食很差，真的是常常感到饿，男生公费用完了就蒙着头在宿舍里睡觉。朱老师是我的导师，有时会请我们到他家去喝点茶、吃点东西。

另外，我中学有位孟志荪老师，对我影响非常大。他在我们高二、高三开了一年中文诗选、一年词选，对我来说非常重要，我的文学认真研究是这样开始的。鹿桥就是孟老师的学生，比我早六七班，是南开中学毕业的。《未央歌》那种笔调很像是孟老师教出来的，包括后来的《人子》和《忏情书》，他一直在写孟老师。我书里有不少地方写到孟老师，在节骨眼上总会想到他。我写东西很花时间，不是随便用什么观念来写，也不是只用感情。

王：你刚提到孟老师教你们很多词选、诗选，这是中国文学的养分，可是你后来一生却在西方文学方面耕耘。

齐：我觉得这是互补，非常有用。比方说，你读华兹华斯（William Wordsworth, 1770–1850）的"The Solitary Reaper"（《孤独的割麦女》），自然会想到唐朝钱起的《省试湘灵鼓瑟》中"曲终人不见，江上数峰青"这两句。《孤独的割麦女》写的那个地方我也去过，但那绝对不是中国的山水，苏格兰的山并不全怎么青翠、可爱，可是那个歌声跟最后你所留下的印象，也没有什么冲突。我去过苏格兰几次，也研究这个观念、想法，这两首诗使我的印象更为深刻。

单：这也是一种比较文学，就是确确实实的文本的比较。

齐：因为我最近想写朱老师，就去搜集资料，看到鲁迅骂他这一段。朱老师说，在我的感觉里，"曲终人不见，江上数峰青"是一个可以独立的境界，我不一定要知道前面、后面的故事，才能欣赏这境界。他最早认为它表现的是一种凄凉寂寞的情感。后来他以美学的角度作详细的评介："它对于我启示了一种哲学的意蕴。'曲终人不见'所表现的是消逝，'江上数峰青'所表现的是永恒。"在《答夏丏尊先生信》（1935年）中，朱先生说："这种境界在中国诗里不多见。屈原、阮籍、李白、杜甫都不免有些像金刚怒目，愤愤不平的样子。陶潜浑身是'静穆'，所以他伟大。"不料鲁迅立即予以抨击，他在《"题未定"草（七）》中说，朱先生对此诗的评论是寻章摘句，"割裂为美"，"是从衣裳上撕下来的一块绣花"，加以"吹嘘或附会"，把读者弄得"迷离恍惚"。鲁迅认为论文要顾及作者全人，以及他所处的社会状态，要不然是很容易近乎说梦的。鲁迅骂了以后，没有人敢说鲁迅不对，朱老师也没有立即回骂。鲁迅骂他对陶渊明的批评都是不知民间疾苦；朱先生说，我不是每件事都考虑到阶级问题或社会问题。当时朱老师已经很有名，不需要靠打笔仗出名，但是后来三反、五反以及"文革"时，他吃苦受辱，加上鲁迅说过他这些，于是罪证就更确定了。政治介入文学可以如此可怕。

文学与人生

王：请问你怎么看待文学跟社会的关系？

齐：不论什么场合，我总希望人要有一点文学情怀，无论是选举甚至是任何事情，在平常生活中要多一点文学情怀，对人要慈悲一点，说话要厚道一点，这样对社会是好的。文学情怀并不是歌功颂德，只说美好，"曲终人不见，江上数峰青"的清明境界引人深思。文学不是花言巧语。有人选举时用美丽的口号，很多当初投票的人相信了，但是后来弄明白了这是文宣。我要求的是说诚恳的话：你真这么想，就这么说；如果不这么想，就不要这么说。文学对于人生是什么？就是让你做一个更慈悲、更深思、可以看懂真相的人。至少这是我的希望。

虽然文学也可以是很空渺的东西，但对我而言，总是有东西在后头，这是真的。我常常用文学情怀想我父亲，当年二十六岁，充满了希望，在德国念哲学，可以好好当个学生，但为什么要去革命，连我祖父、祖母死的时候他都不能送终。从他在外读书，回来革命，一直到我六岁，我母亲守活寡将近十年，直到三十岁她到南京，才有一个丈夫。她在乡下家里烧柴灶十来年，我父亲在外面读哲学、搞革命，所以我母亲去相聚的时候，不太相信他会留我们，我跟我哥两个乡下孩子很土。文学对我是什么，我至今无法解释，很少人能跟我一样有过那样的经验。我去南京的时候六岁，已经很懂事了，每天最怕的就是我母亲哭，可她成天哭。我们到南京以后，她常常跟我讲："如果你不乖，你爸就不要我们了。"那时候我最怕我爸不要我们，很没有安全感，我哥哥因为是男孩，很粗壮，他爬墙、上树，乐得要命，什么都不在乎。而我所记得的人生是蛮悲苦的。悲苦跟倒霉是不同的，我从来没有倒霉的感觉。大概因为我父亲读书，家里书多，从小到大，到亲友家也都是书多，反正你看书就是了，你在书里头找到许多跟现实生活不相干的东西，想象许多形态的人生。我是在生命里体验与阅读文学，所以人生态度也不同。我的生活是经过极大的艰困，见过极大的世面，但我始终对人就是喜欢。我相信人间的善。

单：虽然你没教过我，原本我觉得生疏，只是遥遥地尊敬，但这些年来因为参与你的回忆录的事而有了相当紧密的联系，从你身上学到很多东西

齐（向王）：我对他唯一的好处就是把他译注的 *Gulliver's Travels*（《格理弗游记》）逼出来，这是我的心愿。我对那本书有一个基本的了解，因此觉得我们中国人的学问有些虚得很，我们要实际一点才好。像这样厚实的《格理弗游记》中译本这五十年来并不多。我希望多几个人多做几本像这样的书。我对自己写的东西也是这样要求的。我希望我没有留下太多虚妄的东西。如果我这么老了还要出书，绝不是为名利了。

后　记

　　此访谈进行时，齐老师的回忆录《巨流河》正在最后编校阶段，要赶在七月七日对日抗战纪念日出版。一个半月后，《巨流河》问世，在华文世界造成阵阵旋风，于台湾地区和中国大陆连连得奖，在该年的诸多出版品中独占鳌头，至今不衰，初步实现了天下文化出版社董事长高希均教授"永不下架"的承诺。该书前半诉说家世与成长、教育过程，后半对于台湾的外文学术建制以及以英文向国际推介台湾文学着墨尤多，为抗战的历史以及台湾的文学与文化界留下一份珍贵的纪录。今年（二〇一四）一月出版的《洄澜：相逢巨流河》，收录了《巨流河》出版后华文世界的诸多评论、访谈与来函，见证了此书激起的广大回响。我有幸在齐老师的回忆录开始与进行期间略尽绵薄之力，出版当天齐老师特地宴请相关人士，并签书一一赠送。次（二〇一〇）年一月又邀请数个家庭前往垦丁，参访《巨流河》书末提到的哑口海，一行人拍照留念。我大学就读政大西语系，无缘成为齐老师的学生，只有在台大外文所硕士班准备书单（reading list）考试时，当时的所长曾请齐老师在系办公室为我们几人提示早期英国文学的重点。没想到一九八六年辅仁大学举办第一届文学与宗教国际研讨会时，康士林（Nicholas Koss）教授敦请齐老师组织英国作家葛林（Graham Greene, 1904-1991）的翻译团队，我忝为成员，并译出《格雷安·葛林》（*Graham Greene*，台北：时报文化，1986）。后来她多年鼓励我完成《格理弗游记》的经典译注，而我也有机会协助促成她的回忆录。这一切只能说是因缘。

巨流河

齊邦媛 著

第一本書贈

德興存念

今生的紀念

無盡的感謝！

齊邦媛 在書出之日

二〇〇九年七月七日

德興：

請永遠保持我們所尊重的
這種穩重持久的人生特質。人生
總有些該留下的努力，但是也務望
欣喜多於凝重，
祝你今生順遂，

齊邦媛

二〇〇九年
七月七日

非永恆的感謝。

回忆录《巨流河》在对齐邦媛特具意义的七七抗战纪念日出版，心思
细密的她特地于当天为主访人签书（左上），致赠卡片（右上），后来
并邀请前往垦丁参访书末提到的哑口海（下）。

李欧梵与主访人摄于"中央研究院"哲思轩。（黄碧仪摄影）

狐狸型学者的自我文本解读

李欧梵访谈录

主访人：单德兴

二〇一三年七月二十四日

台北南港『中央研究院』哲思轩

前　言

　　大学时代便不时在台湾的报纸副刊阅读李欧梵教授的文章，一九七五年《西潮的彼岸》甫出版更迫不及待购得一册先读为快。依稀记得，初次见到李教授是我念政大时，他到政大参加一场有关五四的座谈会，当时留着小胡子的他正以英文撰写鲁迅专书，自道此书写完才要刮去胡子，如今说来已是快四十年前的事了。真正与他相熟，是一九九四至九五年我担任哈佛燕京学社（The Harvard-Yenching Institute）访问学人，古道热肠的他每周提供研究室让来自海峡两岸的学者边吃自带的袋餐（brown bag），边谈自己的研究心得，他也适时加入讨论。认识他的人都折服于他丰富的学养与平易近人的作风。那一年我也趁机旁听他有关中国现当代文学的课，配合着历史与电影，印象颇为深刻，记得看过的电影中包括了张艺谋导演、莫言原著的《红高粱》和张艺谋导演、苏童原著的《大红灯笼高高挂》。二〇〇八年五月我曾应台大政治系石之瑜教授之邀，在他主持的中国学的知识社群研究计划中，以与谈人的身份和梅家玲、温洽溢、曾柏文三人接连两天在一群听众面前访问李教授，是为人文社会高等研究院社会科学讲座李欧梵教授口述历史访谈，主题为"中国文学研究与我"。然而我个人一直未能单独针对这位心仪的学者进行访谈。

二〇一三年李教授应"中央研究院"中国文哲研究所之邀，在"国科会"奖助下进行短期研究访问。由于他当时就住在"中研院"附近，两家人常有机会见面，于是趁着他研究访问即将结束之际，邀约于"中研院"哲思轩进行访谈，总共两个多小时，一周后他便返回香港。访谈录音由黄碧仪小姐誊出，经我数度修订，有疑问之处通过电邮向李教授请教，并立即得到回音。由于李教授研究繁忙，加上各方邀约不断，无暇过目全稿，若有任何谬误，概由主访人负责。

"李欧梵"文本自我解读

单德兴（以下简称"单"）：尊夫人李子玉（李玉莹）女士在你于二〇〇九年出版的《人文文本》《代后记》中有这么一段描述："他现在的精神状态更像文人，他的生活方式、思想爱好，简直就是一本活生生的文本。"所以今天的访谈就请你来自我解读"李欧梵"这个文本。你从前做过许多访谈，甚至出版过两本访谈专书，① 讨论到不少细节，所以我们今天换个角度，着重于综观，尤其是你身为通才、"杂家"与文化人的面向。文本一般都有标题和名称，请问你如何解读"欧梵"这个名字？你的英文名字"Leo"是你大学时根据俄国文豪托尔斯泰（Leo Tolstoy, 1828–1910）的自我命名吗？

李欧梵（以下简称"李"）：我父亲李永刚、母亲周瑗都是

---

① 即李欧梵与陈建华的《徘徊在现代和后现代之间》（台北：正中书局，1996）以及李欧梵与季进的《李欧梵季进对话录》（苏州：苏州大学出版社，2003）。

音乐家，所以他们给我取的是一个很怪的名字，来自希腊神话里的音乐之神 Orpheus（欧菲斯）。他们想把 Orpheus 翻成中文，可是他们的音乐老师是留学法国的，他把"Orpheus" 翻成法文"Orphée"，而"Orphée"以中文发音就是"欧梵"。我一九三九年出生于河南，三〇年代还有徐志摩那种五四的余绪，喜好把外国名字翻成很典雅的中文，比如说"violin"就翻作"梵哑铃"，所以"欧梵"的名字是这么来的。我父母亲真的是很国际主义的，生的小孩依照五大洲来命名，我妹妹、弟弟就叫"美梵""亚梵"，但我弟弟很早就去世了，我父母亲也没生下"非梵""澳梵"。

我这个名字太独特了，听说有人上网查"李欧梵"，仅此一家。但我又试着要解构自己的名字。在我成长的期间，偶尔看到一本希腊神话的书，我猜是汉弥尔敦的《希腊罗马神话》（Edith Hamilton, *Mythology*）中译本，在里面找到欧菲斯的神话故事。发现这个神弹着古琴到地狱去救他的爱妻尤莉蒂丝（Eurydice），却没救成，我看了之后大为伤心，因为我不要自己的爱情里有悲剧，我不愿意像欧菲斯那样找到一生的挚爱之后，爱人却死掉了，而他到地狱去救她，也没救回。多年来我一直有这么一个咒、神话的咒，解释得抽象一点的话，这个咒就是一个 sign（符号）。这个来自西方的符号进到一个生在河南的很天真的小男孩里面，似乎发出一个魔力，让他感觉到自己这一生在浪漫史上要有波折，好不容易找到的挚爱却会死去。所以我上大学的时候就要把这个咒解掉。怎么解呢？我妈妈老叫我"李欧、李欧"，于是我就为自己取了个"Leo"的英文名字，我要用"Leo"这个咒来化解"Orpheus"这个咒，就像中国人的五行相克，这是神话的解释。

我是后来才读托尔斯泰的，不是因为读了托尔斯泰才取Leo 这个名字。但我的确是从托尔斯泰进入俄国文学这条不归路，我现在最喜欢的文学还是俄国文学。所以你看得出，西方希腊罗马的那条线已经被介乎东西之间的俄国这条线打掉了。后来入美国籍时，我就把"Leo Ou-fan Lee"全部摆进去，所以我的英文名字很长。我和子玉结婚时，余英时先生送了一副对联，嵌入我们的名字，其中一句是："一笑拈花出梵天"。我坚决相信，我的后半生，至少跟子玉结婚之后，在她的带领下我终将进入梵境、佛家的境界。我开玩笑地说，我现在还停留在欧洲文化的余光。所以我们跟你很谈得来——你既在欧美所，又学佛法，真的觉得跟你很投缘。我现在很心安理得，觉得我这一生这个名字的咒已经被我破解了，将来会走向一条开阔的路。我对佛家的理解就是：它不是一般人心目中的宗教，也不崇拜神，而是让你自修。我现在就是用这种方式来自修，所以很坦然。

单： 你父母亲都毕业于南京中央大学（现南京大学）音乐系，回顾你的家世背景，可以看到音乐的喜好与浪漫的精神。

李： 所以我不自觉地在文学的过程里特别对浪漫精神感兴趣，毕业论文特意写中国五四浪漫精神，献给我父母亲，把个人成长的因素、感受、父母亲和我的学术结合在一起。这注定了我不会成为一个很客观、很有深度、从一而终的专家，因为我打一开始就混掉了。

单： 你是带着"passion"（热情）来做学问。

李： 说得好的话就是带着"passion"，的确，研究学问要有"passion"。

中学教育的影响

单：家世背景带给你的是音乐和浪漫主义。你中学六年就读新竹中学，校长辛志平先生是很具有理想的教育家，强调五育并重，是台湾教育史上的传奇人物。请谈谈新竹中学，尤其是辛校长，对你的影响。

李：辛校长除了学业以外也重视两样东西，就是音乐和体育。我后来才知道这个教育理念其实可以追溯到五四时代的蔡元培。当时台湾的中学不那么重视美育，因为那个时候已经开始联考、课辅了。音乐是苏森墉老师教的，我们一定要唱歌，有合唱比赛。① 体育就是冬天跑马拉松，每个人都要跑，夏天要游泳，辛校长带队到市立游泳池，所以新竹中学毕业的没有一个不会游泳。

单：至少要游多远？

李：毕业时至少要游五十米。

单：马拉松要跑多远？

李：不记得了。从学校里出来，就在整个新竹市里跑，直到现在每个人都还记得这些事。

单：新竹中学出了很多特立独行的人。

李：是啊。现在你就看得出这种潜移默化的功效。什么叫做"人文教育"？并不是只念一些古典的书，而是把美育、体育、音乐带进自己的生活，变成自己的修养、生命的一部分。

---

① 苏森墉（1919-2007）为合唱指挥家，一九四六年起担任新竹中学音乐教师，一九四七年成立新竹中学合唱团，在他指导下多次获得全省音乐比赛冠军。他本身也是作曲家暨编曲家，代表作有《天乌乌》《农村曲》《丢丢铜》与《沙里洪巴》等。

我每次回学校，看到辛校长的遗像都会鞠躬，没有一位竹中的校友不仰慕他的。他真是台湾教育史上的异数。

单：的确，即使我只是读到一些相关文章，都会对这样一位教育家心生仰慕。你热爱电影，从小就看电影，中学时甚至逃课、冒着记过的风险去看电影。

李：电影对我的吸引力也是从小开始，当时新竹没什么娱乐，我父母亲在新竹师范教书，父亲的娱乐就是跟同事们打球，我还记得他跟李远哲先生的父亲李泽藩先生是一队的，一起打篮球，有时也踢足球。我之所以喜欢电影是因为当时除了校园的娱乐之外，没有其他什么娱乐，主要就是看电影。当时新竹有四家电影院，我父母亲鼓励我们看电影。周末时我父亲就骑个脚踏车，我跟我妹妹一个坐前面、一个坐后面，载着去看电影。可是他不鼓励我们看打斗片，而是鼓励我们看歌舞片，有音乐的。我记得看过《歌王卡罗素》（*The Great Caruso*），《学生王子》（*The Student Prince*）更是看了六遍。后来我就养成了看电影的习惯。我曾逃课去看电影，但只逃军训课，因为我反对军训。

大学时期——外交梦与文学养成

单：你在大学时怀抱着外交家的梦想。为什么会有那种梦想？后来又为什么改变？

李：我在新竹中学时，英文老师姓吴，是从古巴退休回来的外交官，广东人，哈佛硕士，英文很好。他跟我们说当年他怎么和大使的女儿跳舞，有多浪漫，又说哈佛的图书馆地毯多么厚、多么漂亮……让我们很神往，于是我就做起外交官梦。

另一个原因就是我的数理不好，考初中时数学惨遭滑铁卢，十二名备取生中，我是第十二名，勉强进新竹中学，大学时则侥幸保送，我是第四名保送的，其实可以勉强念法律，因为也可以当外交官，可是我的英文好，非常喜欢英文，很自然地就念了外文系，其实我真正想念的是指挥。

单：可是台大没有音乐系。

李：我父亲说我念什么都可以，就是不能念音乐，因为念音乐没有饭吃。这个说法虽然略带夸张，不过是真话。

单：还记得那时候台大外文系的一些课程或教科书吗？

李：这是一个很重要的题目，可以仔细研究，不知道有没有人做过这方面的研究。当时我民智未开，搞不清楚台大有很多名师都是从大陆过来的，包括系主任英千里（英若诚之父）。至于课程是怎么来的？这个问题很有意思。当时的课程是不是从东京帝国大学来的呢？我认为不是。我猜是从三〇年代中国大陆的大学英文课程来的。但那个英文课程又是从哪里来的呢？可能是三〇年代的美国和英国，可能是哈佛有套"基本英文教材"。另一个可以追溯的就是我们用的英国文学史教科书，有没有人研究过那本教科书的作者桑戴克（Ashley Horace Thorndike, 1871–1933）是哪里来的？是什么时候写的？是英国人还是美国人编的？影响如何？编者是不是有殖民主义的意识形态？① 我一直觉得我们那

---

① 《英国文学史》（*A History of English Literature*）一九二〇年由纽约的麦克米伦公司（The Macmillan Company）出版，系纳尔逊（William Allan Neilson, 1869–1946）与桑戴克合著。纳尔逊当时担任史密斯学院（Smith College）校长，曾任哈佛大学英文教授，桑戴克为哥伦比亚大学英文教授。可参阅 https://archive.org/stream/ahistoryenglish00thorgoog#page/n4/mode/2up。

套东西是舶来品，跟台湾当时的生活形态根本接不上。

我们大一修基本的英文，大二修英文会话，大三、大四修英文作文、修辞学，等等。我印象最深刻的是曾约农老师教我们那一班大四作文，他用的教材是丘吉尔（Winston Churchill, 1874-1965）的演讲词，我兴奋得不得了，因为我想当外交官嘛。另一位很有名的老师就是俞大彩（傅斯年校长夫人），她教的是大二、大三或大四的英文，但我没上过她的课。①

另外就是文学这一块，大一没有文学课，英国文学史是大二的课，我记得是夏济安老师授课，他对这方面根本没有兴趣，所以上课不是很用心。大二还教英国十九世纪小说，像《浮华世界》（*Vanity Fair*）。

单：老师是哪一位?

李：不记得了，我从此不看萨克雷（William Makepeace Thackeray, 1811-1863）和哈代（Thomas Hardy, 1840-1928），就是因为老师教得不好，花了一个学期教《浮华世界》。多年后我重看萨克雷，不是看小说《浮华世界》，而是看改编成电影的历史小说《巴利·林顿的遭遇》（*The Luck of Barry Lyndon*，又名《乱世儿女》），才发现原来萨克雷有自己一套幽默感，可是以前老师教的完全没有幽默感。至于哈代的《返乡记》（*The*

---

① 曾约农（1893-1986）为曾国藩（1811-1872）的曾孙，一九〇九年考取第一届庚子赔款赴英留学，一九一六年学成回国，一九二〇年担任杜威（John Dewey, 1859-1952）、罗素（Bertrand Russell, 1872-1970）于湖南讲学时的口译，一九四九年转赴台湾，受聘为台湾大学教授，一九五五年被东海大学董事会选聘为首任校长。俞大彩（1904-1990）为曾国藩的曾外孙女，兄俞大维（1897-1993）曾任台湾地区军事事务负责人，弟俞大纲（1908-1977）为知名戏曲学家。

Return of the Native）的故事我全忘了。大三时朱立民老师刚从美国杜克大学（Duke University）回来，以米勒（Arthur Miller, 1915–2005）的剧本《吾子吾弟》（*All My Sons*）作教材。他的课应该是大三英文，但他一开始就教我们戏剧，所以我对戏剧有很浓厚的兴趣。大四就是黄琼玖老师的戏剧课，教得非常仔细，从希腊悲剧一直到二十世纪的威廉斯（Tennessee Williams, 1911–1983）。读了米勒和威廉斯之后，我就不想当外交官了，感觉自己应该去学戏剧。后来我申请耶鲁的戏剧系，因为我们戏剧课用的教科书是耶鲁的卡斯纳（John Gassner, 1903–1967）写的西洋戏剧史和黄老师自己编的西洋戏剧。耶鲁以我准备不足为由拒绝了我的申请。我也申请了加州大学洛杉矶校区（University of California, Los Angeles）的戏剧和电影系，但他们也没收我。如果收了的话，我后来的路就不一样了。

单：纳尔逊与桑戴克的英国文学史基本上是 historical survey（历史概述），那是新批评（New Criticism）之前的文学史的写法。

李：对，对。我那个时候还没接触新批评，因为新批评是颜元叔回国后带进来的。我们那个时候根本没有方法，老师也没有教我们方法，如果有的话，就只是老式的读法。

单：我访问过王文兴老师，他说因为外文系的课程安排不是很好……

李：……他根本不上嘛。

单：……所以他有自己的书单。

李：他很早熟，有一套自己的读书计划和书单。我那时候迷迷糊糊的。

单：你说自己迷迷糊糊可能太过谦虚了，因为欧阳子在回忆文章中说，你每学期都拿第一名，拿书卷奖。

李：迷糊的人才会拿书卷奖。

单：为什么？

李：死读书嘛，用一种死拼的办法。当然我也不是笨人，也会去玩，可是考试的时候很小心，所以考得不错。

单：除了外文系的课之外，你还听过中文系、历史系、哲学系的课吗？

李：哲学系的课我没听过。历史课是上必修课，大一修中国通史，大二修西洋通史。西洋通史是刘崇鋐老师教的，根本就没讲到近代，连浪漫时期、文艺复兴都没讲到，就只讲古希腊，讲得非常仔细，我很佩服他。

单：旁听过李定一先生的中美外交史吗？

李：是旁听或选修我不大记得了，因为当时我想当外交官。还有一门课是国际关系，老师非常愤世嫉俗，根本看不惯国民党，可是又得教课，不能批评得太厉害。我申请学校时，他帮我写了封推荐信。除了这些课，我偶尔会和白先勇他们去听中文系郑骞老师的诗词课。郑骞的大弟子就是鼎鼎有名的叶嘉莹。中国文学史是必修，由台静农老师教。我是很不乖的学生，就看女生的笔记，上课根本没听到什么。多年后我见到台先生，请他到美国开有关鲁迅的会议。他说虽然他愿意参加，可是当时台湾的环境实在不容许，如果他参加，后遗症会很严重。

单：那是哪一年的事？

李：一九八〇年。

单：一九八〇年还是这样的局面？

李：对，还没完全开放。

单：你请他是因为他跟鲁迅的关系？

李：对，他们的关系我后来都知道了。① 所以那时候我就跟他说："台先生，我要向您抱歉，我当年不是一个好学生。我在印第安纳大学要教课时才知道您的重要。当年如果好好当您的学生，我教这门课就很容易了。"我当时在美国教中国古典文学，不是诗词，就是小说、戏曲，在上课前临时恶补。结果台先生说："你既然知过能改，送你一幅字。"过了几天他就寄来一封信，里面有一幅很大的字，折叠后寄过来。写的是好长的一首词，密密麻麻的，我先前在家里挂了几十年。

《现代文学》的发起

单：一九七〇年代初我念政大西语系时，大家都很羡慕你们台大那一班。像后来当导演的黄玉珊那时就说："我们为什么没有办法像白先勇他们那一班那样好好从事文学创作？"所以《现代文学》，尤其是你那一班，简直变成了一则传奇了！回顾《现代文学》和那一批同学，你的看法如何？

李：其实我没有什么资格去讲看法，因为我当时是敲边鼓的。

单：怎么个敲边鼓法？

李：我就帮帮忙嘛，大家都是好朋友，我和白先勇他们一起玩嘛。王文兴永远是生活在自己的世界里面，我跟他很好，他就坐我旁边，上课都是写他自己的东西，看他自己的书，也不大讲话，偶尔会跟我谈谈他有什么想法。我受他们的影响很大。现

---

① 台静农与鲁迅关系密切，在鲁迅影响下与同好成立未名社，为五四时代最重要的文学社团之一，编有《关于鲁迅及其著作》，鲁迅很欣赏他的小说。

在回想起来，我们是很老土的，白先勇则高高在上，是在另外一个贵族世界。他很随和，偶尔来教我们跳舞，我们几个就在傅园里学跳舞。女生就是陈秀美、洪智惠、杨美惠。我最好的朋友是戴承义（戴天），他是侨生。另一个好朋友是比我高一班的刘绍铭。刘绍铭的程度很好，写影评，大二已经在看艾略特（T. S. Eliot, 1888–1965）了，而我那时候连艾略特是谁都不知道。上次在台大当客座教授，我从艾略特一直教到海明威（Ernest Hemingway, 1899–1961），凡是现代文学里重要的作家我全教。所以我是思想成熟得比较晚，以前是迷迷糊糊，现在不能再迷糊了。我说敲边鼓，当时真的是敲边鼓。那么他们为什么变成传奇呢？现在回想起来很特别的就是，他们在文学上早了一步，老师没有教的，他们都自己读。我们的重要老师，包括夏济安，都停留在十九世纪。我猜夏济安心目中的好作家不包括艾略特。

单：有没有包括海明威和福克纳（William Faulkner, 1897–1962）？

李：不见得。我猜他心目中的好作家恐怕是詹姆斯（Henry James, 1843–1916）或康拉德（Joseph Conrad, 1857–1924）那些人，当然没有人求证，我也不知道有没有人研究这个。因为夏老师在上海受的是那种英文教育，后来又去北京大学。他没有接受过新批评的训练，他弟弟夏志清先生则是耶鲁的新批评科班出身。回想起来，我们那些人不知道为什么一进去就挖到一些东西，像我大一进去，每个人都在讲艾略特，也许夏济安老师看过艾略特，否则刘绍铭为什么会写长文讨论他的《传统与个人才具》（"Tradition and the Individual Talent"）。

单：你刚刚提到夏先生没有接受过新批评的训练，但一般认为他的《评彭歌的〈落月〉兼论现代小说》是新批评的具体展现、甚至示范。

李：对，这得要看有没有人研究分析，因为新批评也不是从天而降，也就是说，美国的那些东西有一支是捷克来的，另一支是更老一辈的美国人，那些人有的到过中国，比如说燕卜荪（William Empson, 1906–1984），那时候我那些同学和老师都知道这号人物，而他就跟新批评很近，写过讨论诗的《暧昧七型》（*Seven Types of Ambiguity*）。

单：还有写《文学批评原理》（*The Principles of Literary Criticism*）的理查德兹（I. A. Richards, 1893–1979）。

李：对。

单：所以有可能是从那边传过来的？

李：那些老教授们在台湾个个不得志，不大讲以前的事情。有一点很可惜，就是我们后知后觉，没有问他们当年受到的文学熏陶。回想起来，他们曾见过《战地行》（*Journey to a War*, 1939）的作者奥登（W. H. Auden, 1907–1973，该书与依薛伍德[Christopher Isherwood，1904–1986]合著），因为奥登在一九三八年到过中国。他们中也有人见过叶慈（William Butler Yeats, 1865–1939）和其他一些名作家。那些人可能是他们的老师，或者跟他们有关系。就像欧洲很多知识分子为了躲避纳粹逃亡到美国，在美国产生了各种东西。中国大陆那些知识分子来到台湾，他们带来的贡献我觉得要肯定。

单：叶公超也曾在台大教英诗。

李：他并不是台大固定的老师，是不得志的时候来教书的。我们这些人都知道他是叶慈权威，可是现在回想起来，他是少数深入研究英国现代主义那条线的人。赵萝蕤也是其中之一，她是很有名的才女，但她是怎么翻译出艾略特著名的长诗

《荒原》(*The Wasteland*)的呢？那是因为她在清华念研究所时，美籍教授温德（Robert Winter, 1887–1987）就在课堂上讲授《荒原》，于是她开始翻译。[①]伍尔芙（Virginia Woolf, 1882–1941）的侄子英国诗人贝尔（Julian Bell, 1908–1937）也到武汉教学。当时中西双方就是直接的接触。现在大陆闹民国热是有道理的，因为民国时代从五四以后在学术上愈来愈成熟，三〇和四〇年代有一些欧洲知识分子向往中国，许多来到中国的都是第一流的，特别是英国，甚至海明威都带着太太来过中国。[②]所以我觉得民国时代是一个学术多元的国际时代。这个遗产一部分进到台湾，生根之后才有现代文学，是一个间接的遗产，但大陆因为"文革"全部断掉了。当时台大那些老师可能都知道现代文学，但是不讲、不教，只有一个人很热心，就是黄琼玖，非常喜欢威廉斯。其他老师中，我们的偶像就是朱立民，因为他长得潇洒，文人气质，又刚从美国学成回来，英美文学科班出身，我们就喜欢请他演讲。我把自己的英文作文拿给他看，他大改特改，把一些冗词赘句全部删去。

回想起来，我的文学细胞是不自觉地在大学那四年培养出来的。虽然我想当外交官，但对我影响最深的就是几位老师、几位好同学、好朋友。他们都在做自己喜欢的事，非常专注于文学。白先勇提议要办杂志，并且自己拿钱出来。王文兴从大学一年级就知道自己要念什么书、要做什么，所以彼此一拍即合。

---

① 艾略特的《荒原》发表于一九二二年，第一个中文全译本由赵萝蕤翻译并详加译注，几占全书一半篇幅，由叶公超作序，一九三七年六月由上海新诗社出版，仅印行三百五十册。

② 海明威与同为作家的第三任妻子盖尔霍恩（Martha Gellhorn, 1908–1998）于一九四一年春末到中国采访抗日战争。

单：你提到刘绍铭高你们一班，其实《现代文学》的发刊词就是他写的。叶维廉也高你一班吗？

李：叶维廉可能跟刘绍铭同班（编按：刘绍铭在访谈中提到，叶比他高一两班）。叶维廉特别的地方是，他当时在香港已经是诗人了，所以他对于香港和台湾的现代诗的互动有贡献，这方面他在回忆台大的文章里写过。香港和台湾是同时发现现代主义的，很快就开始交流。但是我们这些人的现代主义是学院派的，另外一支现代主义就是早期的台湾新诗，像是纪弦。我问过痖弦，其实他们写诗的灵感不是从天而降，而是从四〇年代的翻译得到启蒙。

单：像是从李金发这些人过来的。

李：对，当时这些人的书在台湾是禁书。

单：今天中午听说纪弦刚过世，享年一百零一岁。

李：他年纪是很大了，后来一直住在美国加州湾区。我在台大四年，别人念文学，我想当外交官，然后到了芝加哥大学念国际关系，误打误撞碰上了一位非常有名的教授，也就是连战的老师摩根索（Hans J. Morgenthau, 1904–1980），他是德国人，后来连战还邀请他到过台湾。我上他的一门大课，课堂上用他当时最有名的一本教科书《国际政治：权力斗争与和平》（*Politics among Nations: The Struggle for Power and Peace*）。他主张国际关系中的现实主义，指出国际政治的本质就是权力斗争，让我第一次感觉到当外交官没什么意思。他把台湾批评得一塌糊涂，而我当时也觉得自己被国民党的意识形态欺骗了，心想自己为什么要为国民党尽职？我这个人本来就是一个很自由的人，很反对只顾国家利益，而外交官要为国家利益来服务，即使是你不赞同的部分。于是我愈来愈觉得自己是一个人文性、文学性很强的人。所以那一次是我个人很严重的认同危机，觉得自己大学四年的外交官梦全然破灭。

哈佛大学的师承与训练

单： 后来你转到哈佛大学，你曾在不同场合谈过自己在哈佛的研究所阶段，包括费正清（John K. Fairbank, 1907–1991）、史华慈（Benjamin I. Schwartz, 1916–1999）这些老师对你的影响。

李： 对，这些我都谈过。不过若是从另一个角度，当成文本来分析的话，费正清当时有很多学生，我其实没有资格当他的嫡系学生，因为我的背景跟其他的美国学生不一样，和其他来自台湾的学生也不一样。当时有一些比我年长几岁的台湾留学生，像谢文孙、张灏，还有研究经济史的郝延平，都是他嫡传的科班学生。费正清当时研究买办，属于外交史方面，他的学生中美国人当然更多了。不知道为什么费正清一看到我就说我喜欢文学，而且认为我具有自由精神（free spirit），应该由史华慈来指导。史华慈是费正清的学生，很受他器重，跟外交史没有关系的学生，像是思想史方面，都是由史华慈来指导。史华慈对于文学也不是那么有兴趣。我当时一股脑儿就跟在杜维明、张灏他们后面，他们读思想史我也读思想史，可是我问史华慈的问题跟他们不太一样。我当时念书不经思考，就是死读书。譬如我为了要念俄国史，就去念俄文，读俄国的原始数据，就是这么个念法。当时我的思想有点"左倾"，偏向社会主义，除了选社会主义的课，还想要把列宁（Vladimir Ilyich Lenin, 1870–1924）的书全部看完，然后看马克思（Karl Marx, 1818–1883）。结果史华慈跟我说："你不要看那么多。"研究五四思想史的时候，我是把全套杂志一本一本地看，看得差不多了就跟他讨论，这是我自己的读书方法。我写博士论文的时候照样是这样子土法炼钢，图书馆里的杂志一本一本看，不是挑着看，而是每一本每一页都翻过，这是死工夫。至少要看目录，了解大要。后来我教学生就要他们用这个方法，譬如研究晚清，就先看晚清杂志的目录，挑选里面的文章来细看，慢慢搜集需要的数据，这是种死方法，背后是没有理论的。

单：基本功。

李：对，就是基本功。可是我当时钻研俄国思想史半途而废，又去读其他东西。这是我的缺点，就是读得很多，但不专精。

单：除了费正清和史华慈之外，你也提到过普实克（Jaroslav Průšek, 1906-1980）和夏志清（1921-2013）。

李：那是后来了。另一位对我影响满大的就是教俄国思想史的老师派普斯（Richard Pipes, 1923- ），他是波兰贵族，温文尔雅，讲课不带草稿，后来当了美国国家安全委员会的顾问。他思想比较保守，根本是反对苏联的，可是非常推崇俄国的贵族。所以他讲俄国史的时候，教沙皇，也教知识分子。当时我正好在看杜斯妥也夫斯基（Fyodor Dostoevsky, 1821-1881）的经典巨著《卡拉玛佐夫兄弟》（*The Brothers Karamazov*），就去选俄国史，探究这部作品中的思想来源。派普斯教俄国史一开始就讲俄国的十二月党，十二月党的祖师爷是卡拉姆津（Nikolai Mikhailovich Karamzin, 1766-1826），写过回忆录《古老与现代的俄罗斯》（*A Memoir on Ancient and Modern Russia*）。我当时立下一个目标，就是我一定要看懂用俄文写的卡拉姆津回忆录，后来虽然文字是看懂了，但一知半解，现在俄文全忘了。回想当时真不知道是哪里来的冲劲、死工夫，恨不得一下子就进到里面，不管什么学问全都吸收，最后当然是半途而废，因为不可能花这么多时间一头栽进去嘛！可是俄国思想史等对我的影响非常大。

单：视野的开拓。

李：对。我可以大言不惭地说，我那几位师兄没有像我这样的。他们读的可能全是跟自己的研究有关，是积累式的，把一个学问建构出来。比如说，张灏当时就是跟着他老师研究韦伯（Max Weber, 1864-1920），一本一本地看。我就不是这样，我是很多东西各看一本，优点就是我把大貌看出来了，像俄国思想史我现在还记得，虽然有点过时，但我照样可以讲俄国思想史的课，并且把文学带进来。多年后我在伦敦看斯托帕德的巨型历史剧《乌托邦彼岸》（Tom Stoppard, *The Coast of Utopia*）三部曲的第一部《航行》（*Voyage*），我太太在旁边觉得闷死了，我却看得简直要流眼泪，当年念的那些东西全部重回我的脑海。这些都跟我的本行没有关系，但我当时恨不得当一个俄国人。这些后来构成了我自己一种国际性的特性。

单：这种方式当然跟你的个性也有关。你曾用一个比喻来形容自己的特性，自称是狐狸型的学者。

李：对，那个比喻出自于柏林（Isaiah Berlin, 1909-1997）的《刺猬与狐狸》（*The Hedgehog and the Fox*）。① 我也曾拜访过他。柏林的学问就是这样，他什么都懂，他写文学思想史，也讲欧洲史。我看过他的自传，他说自己当年做了一个很重要的决定：到底要当哲学家，还是历史家？当哲学家就是刺猬，

① 典出希腊诗人阿奇罗楚思（Archilochus，公元前 680-645）："狐狸知悉诸多事，而刺猬知悉一大事。"（"The fox knows many things, but the hedgehog knows one big thing."）

一定要精通一件事，可是他想当历史家，所以就选择当狐狸。他重要的书全都用这个路数来写，他本身就是只大狐狸。我深受他的影响，当年他的书一出来我就看了，他的演讲我尽可能地去听，最后忍不住了，他在纽约教书，我为了自己的论文去向他请教，专程坐火车去跟他谈了一个钟头。

单：那是哪一年？跟他谈话有什么令你印象深刻的？

李：应该是我开始写论文的时候，到欧洲的前后，大概是一九六八或六九年。我记得当面问他："西方的浪漫主义应该怎么解释？"他就从德国一直讲到法国，讲了一个钟头，然后问我："你觉得'文革'怎么样？"之后他就讲了一通，突然说："对不起，我太太……"就走了。他的行程忙得不得了，我们交谈的时间也不过大约一个钟头，但我后来在书里还是感谢他，因为这种思想界的伟人难得一见，而他愿意接见我这么一个研究生是很难得的。

单：这样看来他的个性满随和的。

李：他们这些人都很随和，虽然很忙，但没有什么阶级观念，学生如果求见，只要时间允许就会答应。这些人都对我造成影响。当然史华慈老师对我的影响应该是一生一世的。费正清老师除了个人帮过我，帮忙我申请经费、鼓励我研究之外，他的治学方式对我没有影响，唯一的影响是他改我的英文。他的英文既简明又精确，我当时偷偷学他的英文。我的论文每写出一章就给他看，他非但有意见，还改我的英文。史华慈的英文则是德国式的，很大而化之，是不能学的。

单：费正清那么忙还有空改你的英文？！

李：对。这样的态度我很受用，所以后来我当老师也改学生的英文。

学思历程的分期

单：你今年七十四岁，回顾自己的生涯，会如何分期？

李：一生的分期目前没有什么好讲的，因为还没到那个阶段。至于学思历程的分期，多年前我写过一篇文章叫做《心路历程上的三本书》，是高信疆要我写的。

单：我大学时先是在《中国时报》人间副刊读到那篇文章，觉得与那一系列的文章很不同，是以很平实、平等的态度来分享自己心路历程中最重要的三本书：《卡拉玛佐夫兄弟》《童年与社会》（Erik H. Erikson, *Childhood and Society*）和《老残游记》。这篇文章让我印象非常深刻，后来收入了《西潮的彼岸》。

李：那就是我的学思历程。在台大期间我还是懵懵懂懂，到了美国才知性觉醒，第一个想做的研究就是知识分子，所以进入思想史。可是在这同时我发生了很强烈的认同危机，就是中西的认同，因为我太 cosmopolitan（世界主义）了。做一个世界人的危险就是忘了自己的东西。这个认同危机刚好以艾理生（Erik H. Erikson, 1902−1994）为代表。我的认同危机是文化的，而不是个人的。别人只觉得我是游学美国，我却觉得自己游学几年后已经变成西方人了，只是带着黄面孔而已，却又对 ABC（American-born Chinese，美国出生的华人）不以为然。我觉得自己是欧洲知识分子，后来觉得不对，发现自己骨子里中华文化的底子不能全部去掉，自己思想的模式、做学问的模式是从成长过程中潜移默化、不知不觉培养出来的。经过很长的时间之后，我现在非常平稳了，觉得这两者并不冲突。这是我的第二个时期，历经了很长的时间。

第三个时期就是从认同危机走向如何在新时代里找寻个人

和其他人的人生意义。我最近写的文章都是绕着这个题目，用各种方式来讲同一个主题，这就是我个人的人文主义。不管是讲文化批评、讲电影，甚至以前的经典，不分西方、中国，全都围绕着人性的危机，因为我认为依照目前的情况，再过二十年连人性都没有了，连人都没有了。这是我现在所处的阶段，这个阶段是不会结束的，也许最终我找寻的与佛家有点关系，是一种生命的意义，求得某一种的平安。

单：从"欧"到"梵"。

李：对，如果达到这个境界，我就没有危机了。以前我在西方所接触的东西基本上是强调个人内在的冲突，就是个人不停的煎熬、斗争，我觉得这对自己是件好事。如果没有经过那个阶段，就不会有现在的这种状态。我现在的体力不如从前，可是那个情况依然存在，但已经化成温和，不再充满冲击性、斗争性，而是一种随和的、知识的追求。

单：你早年文章中提到的第三本书是《老残游记》。

李：我当时是未老先衰，说自己像老残，有点自鸣得意，其实不应该这么讲，因为老残是一个时代的结束。

单：你为《帝国末日的山水画：老残游记》（台北：网络与书，2010）所写的导读很精彩，而且是以很普及的方式写的。

李：那是从一个演讲词修改的。那个演讲是应大块文化郝明义的邀请，参与那个系列的讲者每人讲评一本书。

单：是在台湾讲的吗？

李：是在香港书展。讲完之后他们把我的演讲词整理出来，经我修订为那本书的导读，书中那么多的图画都是他们加的。那个系列是为了普及，学者是不大看的，你会找来看，实在很特别。

单：其实那套书很精彩，不仅选择介绍的是经典，而且图文并茂，又加上背景说明。

李：那也是他们加的。我把以前中国知识分子的思想放在老残（刘鹗，1857-1909）身上，然后讲到时间的吊诡，在老残之后百年，用我们最近的思考来反省当时的情境。写《心路历程上的三本书》那篇文章时我才中年而已，讲老残有点未老先衰。我现在对《老残游记》有种新的感受，就是觉得自己是一个时代的末期人物，我显然不属于二十一世纪。是谁给我这个启发的呢？是施蛰存（1905-2003）先生。我每到上海一定去看他，曾经向他说，到了二〇〇五年我们为你庆祝一百岁生日。他说："我不要活那么久。我是二十世纪的人。"当然我比施先生年轻得多，我已身在二十一世纪，可是我总觉得二十世纪是一个伟大的世纪，也是最痛苦的世纪，它的变化超过十九世纪。像计算机和一些伟大的发明，都是二十世纪最后二十年发明的。

我前两天在香港书展的演讲题目就是"全球化下的人文素养"。我从二十世纪末开始讲，讲到书籍面临的危机，等等。我觉得自己像是个"老唐吉诃德"，要把人文精神带到你们后现代，如果你们不听也无所谓，我打的一个风车就是机器（高科技）。我在香港的演讲中说，我很可能是全香港唯一不上网、不带手机的人，故意用这种方式刺激他们。我主张 continuity（连续性）是很重要的，不能只生活在现在、现在、现在，而撇开历史的传承。我说，"生活在现今"最有意义的就是佛家所讲的"把握当下"；另一个有意义的就是波特莱尔（Charles Baudelaire，1821-1867）的现代主义，可是波特莱尔所讲的现今是在艺术的脉络下。他说，"现代性"是转瞬即逝、是暂时的、短暂的；接下来就说，"现代性"是艺术的一半，另一半是永久、不移。所以我要在短暂的现实中追求永久的意义，这是我活在"现在"

的目的。但是现在每个人都生活在二十一世纪的短暂、瞬间即逝，那么我的连续性是什么呢？很明显的是二十世纪。我求学期间念的思想史，现在研究的晚清，都是二十世纪头十年的东西以及整个二十世纪。所以在这方面我觉得自己像是某一种的零余者，可是我并不倚老——老残有点倚老的味道，因为他身处晚清，而我们则是另一个时代的产物。

单：《心路历程上的三本书》那篇文章写于一九七〇年代，事隔数十年，现在再谈心路历程的话，你会再加哪几本书？

李：我正在想这个问题，最近香港中文大学有位同事要我写这个题目。

单：已经有大概的构想了吗？

李：我想的是现代主义的代表人物卡夫卡（Franz Kafka, 1883-1924）。我讲卡夫卡不知道讲了多少次，因为我对卡夫卡的解释是他与"现时"正好相反，是个有连续性的人物。他当时想的东西现在都实现了，不只是《审判》（*The Trial*）和《城堡》（*The Castle*）所呈现的人类社会，而且是用一种让人震撼的《变形记》（*The Metamorphosis*）的呈现方式，如今每个人都被机器变形了，机器变成人，人变成机器。也就是说，他的 allegory（寓言）到现在全都变成真实、一种有意义的真实了。寓言而成真实，真是一个吊诡。我们现在的真实已经让人搞不清楚什么是日常生活，什么是计算机的真实，这时候我们要抓住一个比较长久的寓言。所以我现在非常喜欢看现代主义里具有寓言潜能的作品，具有一种思考的可能性的元素在内的作品，而卡夫卡的作品就是如此。

单：奥威尔（George Orwell, 1903-1950）呢？

李：奥威尔只是政治寓言而已，没有那么广。以前大家都承认奥韦尔的寓言成真了，可是我们现在的世界早已复杂得超过了奥韦尔，可是我觉得还没有超过卡夫卡。

还有就是晚期的托尔斯泰或杜斯妥也夫斯基，我现在也是老年了，我最近写了一篇关于晚期的托尔斯泰的文章。他当时代表的精神是什么？杜斯妥也夫斯基的代表作当然还是《卡拉玛佐夫兄弟》，可是我现在的看法跟以前正相反，以前是追求知识分子，现在是看作品中另一个重要的部分，就是男主角阿留夏（Alyosha）求道。他求的是什么道？他其实还没有求完道，因为那故事还没写完。如果我们继续写的话，会怎么写？

单：杜斯妥也夫斯基晚年也是深入宗教。

李：对，宗教跟教育，而且听说他还翻译中国的《易经》——他对中国的东西很有兴趣——但他的私生活一塌糊涂，与太太失和。这些大师们后期的作品就像是萨义德（Edward W. Said, 1935-2003）的 *On Late Style*（《论晚期风格》）中所描述的。

单：你会不会加上班雅明（Walter Benjamin, 1892-1940）？

李：会。班雅明的东西我一直都很喜欢，尤其是有关文化批评的部分，可是他作品中有关犹太传统的那些东西我不懂。他的寓言性非常强，我喜欢他在卡夫卡十周年祭的演讲，还有他对巴黎当代的评论。他有关历史的短篇都是寓言。严格地说，班雅明不是理论家，而是文人，写的文章介乎美文和理论、叙述和分析之间，你很难定位他。我不太喜欢他紧绷的个性，可是他的爱好跟我很相近。

单：以你对文学和音乐的热爱，还有对人文主义的尊崇，会把萨义德也纳入吗？

李：当然。我谈的不是早期的萨义德，而是《东方主义》（*Orientalism*）以后的东西。

单：特别着重哪几本书？

李：《论晚期风格》。别人都不看好那本书，但我很推崇。还有你翻译的那本《知识分子论》（*Representations of the Intellectual*）。

单：有没有《人文主义与民主批评》（*Humanism and Democratic Criticism*）？

李：当然有。我在香港正是教那个。我喜欢的都是别人认为他不够理论化的东西。我觉得萨义德的伟大就在于他回归人文主义，不做很时髦的后结构理论，他从来没有高谈德勒兹（Gilles Louis René Deleuze, 1925-1995），写傅柯（Michel Foucault, 1926-1984）的也只有一两篇。后来他也不鼓励学生钻研理论，劝他们不要玩那些东西。这点是我觉得很了不起的。有的人批评他愈来愈保守，但我不以为然。他后来又推崇奥尔巴哈（Erich Auerbach, 1892-1957）的《模拟：西洋文学中现实的呈现》（*Mimesis: The Representation of Reality in Western Literature*），我大为吃惊，还为此马上买了一本，但到现在还没看完。我很羡慕你访问过他三次，我只在芝加哥见过他一次，后来一直很想跟你去见见他，现在没机会了。我们差点就请到他来香港科技大学演讲，许多人都应邀参加。

单：是的，那次我在台湾也接到邀请，真可说是台港学术界和文化界的盛事。可惜他因为健康因素，遵照医师嘱咐，未能成行，让许多人大失所望。

"狐狸有所悟有所不悟"

单：回到你个人那种狐狸式的学者方式。你的好友张错教授有一首诗，当中的一句是："狐狸有所悟有所不悟"。

李：当然我是主张像我这种狐狸式的人，不悟的比所悟的多。

单：那你不悟的是什么？所悟的又是什么？

李：所悟的都跟你讲得差不多了。不悟的话，人生的意义还是不大悟。另外有人批评我很天真，不明人情世故。其实，我为自己某些方面的不悟非常自豪。我痛恨名利，最讨厌别人叫我（"中央研究院"）院士，你说这是悟，还是不悟？我一直想辞院士，却辞不掉，因为这不是我自己要选的，而且我被选上并不是因为我个人的因素，而是因为我代表文学这个领域，是这个领域的第一位院士。

单：先前的余国藩院士横跨哲学、思想、宗教、历史、文学几个领域。

李：对啊，所以我是象征意义大于实质意义。不过文学领域现在也有夏志清和王德威了，我的责任已了。你说这是悟，还是不悟？也许对于现实上的很多事情我都不悟，但我引以为荣。当然也有些高深的哲理我是不悟，我对于哲学没什么研究。宗教方面我到现在也不悟，一直是很世俗的一个人，所以我才那么喜欢提倡世俗批评（secular criticism）的萨义德，因为我觉得人文主义是和俗世结合在一起的。①

① 张错在《山居地图》（台北：书林，2013）中的《火鲁奴奴狐狸论道》一诗附记如下："李欧梵着有《狐狸洞话语》，并常自喻狐狸，善于在不同理论层次作'狐狸式反应'，于自我揶揄或反讽间，更是吊诡。近年提倡边缘论，与浪人飘泊心情，不谋而合。"并附摘自李欧梵《狐狸洞诗画》《有所悟有所不悟》一文，首段便指出："以上这首诗是好友张错所作，而且是为我而作，这可是我生平第一次享受如此殊荣"。末段则说："狐狸所悟者乃爱情和友情，但两者都不愿舍，而有所不悟却是此诗背后的佛家禅机……佛家哲理多，只因我尚未到老年，所以有所悟而有所不愿悟，知我者莫如浪人张错"。

单：你刚才所说的，首先让我联想到的就是你的浪漫主义精神，不单是研究的对象，而且承袭、体现了它的精神。另一方面，你在舒非为你编选的《世故与天真》（香港：三联书店，2002）文集自序中提到："真性情一向是我待人处世的座右铭。"那也就是许多人觉得和你在一块没有距离，反而因此更敬重你，比起其他人，和你相处的感觉不大一样。

李：我以前没有这么真性情，至少在某些场合会受到环境的影响，总是顾忌这、顾忌那，但我现在豁出去了。人到了老年，对于人生觉得时不我予的时候，就没有什么好遮掩的。"天真"的反面就是"世故"。人到了中年、老年的时候，在华人环境里讲求世故，认为一个人要懂得待人接物，要圆滑，但我不以为然。我觉得人生在待人方面要天真，而在知识方面要世故，也就是对于知识、学问要知道得很多。其实待人接物方面，合得来就常往来，合不来就疏远。我是彻底反对阶级制度和等级之分的，我和朋友之间完全没有阶级。

文本、历史与理论

单：照你所说，知识上的世故是类似 sophistication（老练）这个字眼吗？

李：某种程度的老练是需要的。

单：如果就知识的老练这个点切入，你对理论很熟……

李：不见得。

单：……在《狐狸洞话语》那篇《文学理论的武功》中，你甚至以武侠小说的手法描写当代的主要理论。你博览文学作品，加上历史训练的背景，还钻研理论，请问你如何穿梭于文本、历史、理论之间？如何既运用理论，又不让它牵着鼻子走？现在有不少人以理论为先，不知你怎么看？

李：这个问题很尖端，而且很重要。我个人是反对理论先行的，对我来讲文本和历史更重要。我以前主张历史为主，文本只是历史的证据，但我现在倒过来了，觉得文本更重要，包括广义的文本，像是把人当成文本，这是 text（文本）跟 context（脉络）的问题。我读理论基本上是从历史这条路过来的，所以我非常注重文化马克思主义（Cultural Marxism）的各种理论。虽然我自己不是那么"左倾"的马克思主义者，可还是看了很多詹明信（Fredric Jameson, 1934- ）的作品。当时我们好像每个人都从卢卡奇（György Lukács, 1885-1971）看起。现在很多人受到法国后现代理论的影响，认为卢卡奇很保守。可是我还是对卢卡奇很有兴趣，在看他有关 historical novel（历史小说）的论述，想要运用在目前研究的史考特（Walter Scott, 1771-1832）的《撒克逊劫后英雄略》（*Ivanhoe*）。我就想问，为什么德勒兹不讨论《撒克逊劫后英雄略》？他一定觉得那已经过时了。

我很尊重理论，认为理论本身就是一个思想史。我研究理论时是先找出它的 genealogy（系谱），找出一个理论和另一个理论之间的关系，找出它是如何生成的。我把这些理论都当做文本来看，甚至把波特莱尔的东西当做散文来看，因为他是一个文人，如果找得到法文原文，我就多少对照着看，像是我读巴特（Roland Barthes, 1915-1980）就是如此。我不把他们当做神来供奉，为什么？因为无论怎么时髦的西方理论，用在另一个语境的文本上，譬如中文的文本，一定会产生问题，也就是说，不可能完全用得上。而这个落差的问题，可以说是一种权力关系。如果研究者是反帝国主义的，照样可以说这个理论是在侵略你的文本。

我做研究一直是要对话，绝不承认什么主客的关系，或我们只是吸收者的这种想法。现在大家似乎反过来把族裔拉得很高，认为西方的东西很低，然后加以批评，像以前的解构主义。但我既尊重自己研究的东西，也尊重西方理论的来龙去脉，如果不尊重的话，为什么会去研究它？如果我看出一个理论的缺点，就要讲出道理，或者说，我可以想出一个和它对话的方式。如果我搞不清楚一个理论，就不会引用它。我的文章很少引用别人的理论，就是这个原因。如果是潜移默化变成自己的武功，就更不应该露出来，因为我觉得露出武功的人都是二流的。我开始念理论的时候也很想露，这里引一句，那里引一句，结果被我当时的岳父、诗人安格尔（Paul Engle, 1908-1991）当头棒喝。他说他看过的英文不知凡几，还没看过像我写的那种东西。我当场恍然大悟，因为我引用的卢卡奇是从德文译成英文的，叫人看了摸不着头绪。从此我的文章里如果要引用理论，就要讲得清清楚楚。但是我很少引用，只有偶尔要说明一个字的来源，或有点要讽刺一个理论，才会引用，不过这种情形很少。

我觉得现在在台湾，特别是研究中国文学的，先祭出一个理论大师来是很危险的事。你如果想要用一个理论，必须先花上一番工夫，把它的来龙去脉搞得清清楚楚，否则像上一门的暑期课或一年的理论班，根本还对它一知半解，那是不够的。我的理论都是苦学来的。我在马克思主义理论方面的老师是郑树森，有问题常打电话问他。我另一个老师是人类学家李湛忞（Benjamin Lee），语言学的理论是他教给我的，我透过他认识了当今最红的一些人物，像泰勒（Charles Taylor），等等，我跟他们都很熟。那时候他们在芝加哥有一个小团体，我从他们那里吸收到很多很多的理论。泰勒的书我都看了，可是我现在很少引用他的东西。我觉得理论就像武侠小说里的功夫，不练不行，一分耕耘一分收获，至少要闭关几年。

可是现在的学生有一个很大的问题，运用理论是不是想证明中国本身文本之不足？难道一定要用上西方的理论才能让研究的东西有意义？如果是这样，又为什么要研究自身的东西？这个问题要怎么解决，我还找不到确定的答案。可是我的方法非常明显的是：我研究一个文本并不是因为它本身是一个很了不起的东西，而是因为它和历史有关。我现在研究的都是晚清二三流的东西，但我照样研究，为什么？因为我研究的题目跟晚清的整个历史、文化史、翻译史相关。我现在发觉人愈老研究的东西愈不时髦——时髦的东西我都不研究。

单：不过我觉得你最近这篇长文《林纾与哈葛德——翻译的文化政治》有精深细微的地方，也有博大宽宏的地方：细可以细到文本的细节，甚至一个字的翻译；大可以大到涉及整个思想史的脉络，甚至中西文学之间的关系。所以我很佩服你的研究可大可小、可巨可细。

李：你这么觉得可能因为我们都是做学问的，有的人可能会觉得我为什么要搞那些枝枝节节。我当时并没有想到要写那么长，而且那一篇我现在还有一个地方很不满意，就是中间的argument（论证）没有很清楚地呈现出来。不过，我这次得到"国科会"的奖助，在"中研院"做研究，我要证明找到了一个题目以后要下什么样的工夫，要怎么做，这些工夫里面的优点、缺点，我懂的、不懂的全部露出来，谁提供我数据全都在谢辞和脚注里提出来，包括你在内，似乎为自己证明我还可以做学问。

除此之外我还有一个感觉，就是我们现在研究的题目直接带动其他方面的研究，我不知道你有没有这种感觉？譬如研究奥韦尔，可能会带出很多其他有关的题目。所以我觉得研究晚清一定要有团队，一个人是绝对做不来的。我为什么找晚清的题目呢？很明显的是因为我受到世纪末的感觉的刺激，而晚清是十九世纪的最后几年。我就想到那其他人、其他地方又如何？像是世纪末的维也纳、世纪末的北京、世纪末的上海？然后，我又觉得这是一个过渡时期，大量的新知进来怎么变成一个共和、民国，或者五四以后的东西？我觉得我的问题问得太大了，可是我没有办法解决。我要是用理论是很容易解决的，只要用上几个名词、弄个几招，答案就出来了，根本不需要深入研究。所以我个人觉得目前学术的危机就是大家不下工夫，特别我们搞人文的。你跟我是例外，你译注《格理弗游记》不知道花了多少时间。我是偶尔做到了。我看了钱钟书讲林琴南的那篇文章，才恍然大悟：哎呀！人家写东西是这么写的！他随便写写就点出几个句子不对。我这才开始讲到细节，但也不过是点到为止。所以我现在有一个非常强烈的分裂人格，就是对学问太执著、要求太多，对生活要求不多。

另外一面就是，我非学术方面的认同危机愈来愈强。我将来非常可能完全放弃学术，做我真正要做的自由人。是什么样的自由人呢？可能是一种班雅明式的。我发现自己最近写的杂文不自觉地和他有点类似，故事性比他强，但因为香港的环境，不可能写得那么深，其中的宗教性、哲学性也比他少，可是模式跟他的很像。所以我可能会走这条路，今天是我第一次说出来。

单：谢谢。从这里能不能连接到你早年心仪的批评家，像是威尔森（Edmund Wilson, 1895-1972）、史泰纳（George Steiner, 1929- ），以及后来发现的班雅明和萨义德？你会怎么把他们串起来？是用人文主义吗？

李：很明显的就是人文主义，他们那一代人，还有崔灵（Lionel Trilling, 1905-1975）。他们那种人就跟中国古人一样，书读得多！林琴南是中国的几千卷书籍全部读完，最后说他只读《史记》《汉书》等四本书，最崇拜的古文家就是韩愈。那些外国大家也一样，像威尔森因为不懂俄国史就去学俄文。他们这些人做学问的态度就是，研究一个题目时现有的知识全都吸收，再加上旅行。人文主义有一个基本的精神在中西是一模一样的，就是它的生命、它的视野、它的整个观瞻完全奠基在广阔的文本的传统里，或者多种文本的传统里。每个人都阅读几千卷书，潜移默化之后洞见就出来了。萨义德更厉害的地方就是他懂得理论，以前那些人是懂一点新批评。

单：他们懂音乐吗？

李：史泰纳、萨义德都懂音乐，当年那些人，尤其是欧洲人，特别懂音乐。不只理论家、文评家，我发现好几位小说家真懂音乐，特别是德、奥系统那些人，而且音乐直接进到他们的小说里。中国古人也是，那些古文大家每个人都博览群籍。我们现代人就不行了，受专业之害，而作为一个人文主义者就是反对过度专业化。再加上我们的意识形态太强了，往往拥抱的是狭义的民族主义，狭义的个人恩怨，或者狭义的时髦不时髦，这些都称不上是人文主义者。

徘徊在现代、后现代以及学院内、外之间

单：你现在回到深厚的人文主义，还会像你以往的一本书名那样"徘徊在现代和后现代之间"吗？

李：那个书名好像是陈建华起的，当然经过我同意，后来就变成好玩。"徘徊"是有点客气啦，有点犹疑不定的意味。我在香港是"徘徊在学院和学院之外"。

单：其实这也是我正要问的，"徘徊在学院和学院之外"多少涉及所谓的 academy/community（学院 / 社群）、出世 / 入世、象牙塔 / 十字街头的关系。你也曾用"两栖动物"来形容自己。能不能说说你怎么决定要出入于这两者之间？

李：我在美国的教职就是在学院里，可是我很早就向往知识分子。在俄国、法国、中国的知识分子都是"两栖动物"。像法国的知识分子在哪里教书不重要，重要的是他写的文章。我到香港除了个人因素之外，学术因素就是觉得美国的文化理论似乎有点过分，特别是关于第三世界或者种族多元理论，引用了一大堆亚洲的资料，但自己没有到亚洲去实践。很少有人像你，为了研究亚美文学，真正从亚洲的环境进到亚美文化的环境。而我认为在研究里这种中间的 negotiation（协商、斡旋）是一定要做的，不是只引用一堆别人的理论或资料。所以我在哈佛退休时就开玩笑说："你们做理论，我回去做文化实践，将来你们研究我的杂文好了。"当时是开玩笑，却一言成真。到了香港中文大学，我就游离于各系之间，在每个系我都处于边缘，因为我跟他们的主流

都不合。中文系的主流是香港电影、性别论述，而我在那里教的是古典文本，我教班雅明，一页一页、甚至一句一句地教他的《拱廊计划》（*The Arcades Project*），教了两百多页。哪有人像我这种教法？萨义德的课我不教《东方主义》，只教《东方主义》之后的。所以我跟他们的教法完全不一样，但他们很包容我，觉得学生也该学一点这个。我教电影是专门教古典的，一九六○年以后的都不教。

在香港我如鱼得水，我发现我的优先顺位很明显，我能够提供给香港学院的刺激就是一种反潮流式的。我觉得香港的学院里，特别是人文学门，太跟着美国走了，太过追求流行。我坚持反对这样，我觉得我们应该有点自尊。我的学历是一流的，又是从美国最好的学校回来，刚好打进香港一个很特别的 niche（利基），因为香港最注重的就是你从哪个名校出来。他们拿我没办法，可是又无法用原来的规章来对付我。原来的规章是六十五岁一定要退休，但我六十五岁才去。他们规定每个人要升等都要写一堆论文，但是我写了一大堆杂文，那算学术还是不算？在填表格时，这些文章就归为"other"（其他）。我说："你们不是追求时髦吗？我比你们更时髦。"我用各种的理论开玩笑，愈开愈得意，我的文化批评就从这里出来了。

"徘徊在现代和后现代之间"，从字面上看这两者之间是游移不定，其实是 dialectic（辩证），互相斗来斗去。我用文化批评来反学术的专业化，可是我用我的学术涵养来做文化批评。我的文化批评之所以写得跟别人有点不一样，就是有理论在后面，很多我自己开玩笑的东西在后面，你不懂也无所谓，所以我觉得自己如鱼得水就是这个原因。

狐狸的逆反

单：你现在七十多岁，可以从心所欲不逾矩了。

李：可是我还想逾矩呢！我那种逆反的个性有时候会出来，别人老了就规规矩矩、德高望重，我反而有点逆反。

单：你提到自己处于边缘，这跟 diaspora（离散）的情境相近；另一方面你提到介入，这又跟你一向对 public sphere（公共领域）的重视有关。由于你逆反的个性，再加上你的学养，在这几个方面像狐狸一样流窜，对一些既有的情况不满而挑战或批判。

李：我一度很关心哈伯玛斯（Jürgen Harbermas, 1929— ）的理论，也很关心萨义德的理论。其实我觉得公共领域的定义太广了，而哈伯玛斯的理论用在华文语境不太适合，所以我当时没有直接引用，只是把它称作 public space（公共空间），基本上是印刷媒体，像报章杂志开创出来的空间。我当时是用这个办法切入的，而不是用一个抽象的理论。哈伯玛斯的理论是一种布尔乔亚式的 institution（建制），但用到中国以后就变质了，变成了公共知识分子。所谓的公共知识分子就是要批判当权者，政治性很强，运用媒体，在媒体上出名。可是我目前对于香港、大陆、台湾的媒体都很不满。不满的原因各自不同：香港的媒体八卦太多；大陆的媒体政治性太强，每个人都要当英雄；台湾的媒体就是名嘴太多。

我要重新定义自己能做的，要和我的人文传统连在一起，我真正要做的是一种非常有人文意识的文化批评，在文化里面、文本里面，在香港重新做一种启蒙的工作。因为现在没有人看那么多的书，所以我就做启蒙的工作，告诉他们怎么看书，因为校园启蒙的时代已经过去了。我的启蒙就是回到自己，也重新反射到自己，譬如说某一本书我二十岁看跟现在再看有什么不同？用这种办法来带动一些人文的感受和气氛。我以后在香港要做的就是这种启蒙工作，这很难说是公共知识分子。

单：所以你不认为自己是公共知识分子？

李：我不这么认为。

单：那会怎么形容自己呢？

李：还没想到。

单："文化人"？

李：但是在香港"文化人"又变成另一种标签。我在香港朋友都叫我"教授"。可是我退休之后叫什么呢？干脆叫我Leo最好。

单：我发觉在不同的情况下，你对自己有很多不同的描述，包括教授、学者，再加上你对文学、音乐、电影、建筑多方面的喜好，让人觉得你是一个通才，有如 Renaissance Man（文艺复兴时代的人）。

李：不敢当，因为 Renaissance Man 还要懂科学，但我不懂。可是我现在对科学的基本知识兴趣很大。

单：是因为你晚近对建筑的兴趣？还是因为做晚清的研究？

李：因为作为一个人文知识分子，在当代很明显的挑战就是科学的挑战。我看过余英时一篇文章，那篇文章的说法我只同意一半。他说，那些后现代的理论都是受到科学的影响。譬如说科学发现有 uncertainty（不稳定），所以才有一些有关不稳定的理论，科学发现有断层，所以才有断层理论。我就很想知道二十世纪的科学从爱因斯坦（Albert Einstein, 1879–1955）以来到底有什么重要的发现？它的论述如何？我看了几本书，请教过一些教授，跟我的同事对话过，也讨论过史诺（C. P. Snow, 1905–1980）的《两个文化》（*Two Cultures*）。所以我从人文的立场真的对科学开始感兴趣，我觉得我们作为人文主义者不能自扫门前雪，一天到晚认为科学的影响不好，其实不见得。我觉得特别是理论科学，它的目的跟人文很近。

单：这样的话会不会又回到你原先提到的思想史的脉络？

李：很可能，也许是广义的文化史。我现在有些盲点，找不到有关维多利亚十九世纪末期英国科学的资料。我觉得那直接影响到中国：为什么当时大家喜欢潜水艇？为什么有地底旅行与月球旅行？这些恐怕都跟当时的科学想象有关。就像现在有很多名词都是科技名词，这些名词和人文将来迟早都会汇流。所以倒过来我也可以说，我刚刚描述的一大堆人文主义的传统现在快完了，可是将来会是一个崭新的融汇的局面，我们要为这个局面作准备，不能不管。

《范柳原忏情录》与《东方猎手》

单：既然你提到潜水艇，我记得你在长篇小说《东方猎手》中……

李：你还看了《东方猎手》啊！？

单：我上个周末特别看的，里面写到潜水艇。我好奇的是那本书的《后记》："我写小说，本是为了自娱，也想在自己的学术生涯之外找点乐趣。"我也看了你的第一部长篇小说《范柳原忏情录》，觉得这本书满有意思的，是从张爱玲的《倾城之恋》发展出的一个 intertext（互文）。

李：《范柳原忏情录》是一九九七年写的，正值香港回归。香港回归是六月三十日，当天在香港中环的广场有义卖，梁文道和一些人在现场弄了一块布让大家留言。我突然想到张爱玲的小说，真的是一个 insight（洞见）。我就想："张爱玲游魂到此一游。"《范柳原忏情录》那本小说就是从这里开始的，因为我最喜欢的张爱玲的小说中跟香港有关的当然就是《倾城之恋》。我突然想到："范柳原老了的话怎么办？"于是就把感情的情节加进来，而那个感情很明显的就是对香港的感情——那是一个爱情，是一个年老的人所需要的爱情。坦白说，其实我当时正在办离婚，有一种感情的需要，于是寄托在一个自己想象、创造出来的女性。当中的两位女性，一位是张爱玲原书中的白流苏，另一位就是我想象出的那个年轻女子蔼丽。我在书中用了一大堆典故，可那感情却是真的。

后来写《东方猎手》这本没有人看的间谍小说的原因之一，说出来你都不会相信，就是当时全球化理论刚刚兴起，我就想对这个理论开个玩笑。我觉得他们开始谈论的公共空间、全球化理论、跨越国族、后民族主义，等等，其实黑社会早就有了。我就是从这里开始想象小说的情节。当时我跟子玉相恋，在香港过得如鱼得水，她上班的时间我就在咖啡店里写间谍小说，心中还设定了一位香港明星来演男主角。因为我当时对香港的兴趣是非常乡土的，关心的是最低下的阶层，于是就把主人翁放在一个妓女住的地方，里面还有买卖军火，到处打来打去，想象有关全球化理论的情节。至于为什么会想到要把潜水艇放进去？那是因为潜水艇的意象在〇〇七电影里出现过很多次，我想我也来开创一个华人式的〇〇七，于是也加入潜水艇的情节，可是又要有别于好莱坞的〇〇七，于是我把解码的点子放进去。译码一定要用计算机，但我不懂计算机，就问在美国专门搞计算机的台湾朋友一个很大胆的问题：我要在间谍小说里加入浪漫因素，请问计算机能不能做爱？他说 MIT（麻省理工学院）现在就在研究这个。

单：《美丽新世界》（*Brave New World*）里也有看电影能有肉体感觉的情节。

李：我那时候没看那本小说，不晓得有这个典故。当时我每到一个地方就问朋友，这个故事是大家帮我串起来的。那部小说里还有很多的理论游戏。至于我的解码也与外国人不一样，用的是中国古诗。可是我又不会写旧诗，怎么办？我本来想用苏曼殊的诗，因为我研究过他，这个人既浪漫，又搞革命，又出家，又写古诗，又翻译。刚好香港一个朋友家里有汪精卫的《双照楼诗词稿》，就建议我不如用汪的诗词。我把他的诗词拿来一看，大吃一惊，因为里面竟然有哪一天乘飞机在太平洋上空有感，刚好符合我的小说，于是就用上了，这下子就严肃起来了。小说最后是一种寓言式的结局，就是一个西方化的华人在找寻父亲，找寻他的根源。

单：那本书让我印象最深刻的有两点，一点是直接挪用汪精卫的诗词和英文的《鲁拜集》（*The Rubáiyát of Omar Khayyám*）来编码、译码并且推动情节，另一点就是在这本小说和《范柳原忏情录》中，特别感受到男主角心理上时不我予的沧桑感，以及生理上的老化，尤其是《东方猎手》主角的遍体鳞伤，这些使我联想到你喜欢的《老残游记》，也就是"老"与"残"的生理和心理感受。我看你其他的书，包括《西潮的彼岸》，即使是带有抒情性质的散文，在心境的描写上都比不上你小说中男主角给我的那种"老"与"残"的时不我予、遍体鳞伤的沧桑感。

李：这我自己都没想到。

单：我的说法有点道理吗？

李：有道理，非常有道理，因为那本小说是我在世纪末的焦虑下开始写的，也就是一九九九年，那时候一个现实上的问题就是计算机面临二〇〇〇年（信息年序错误）的危机。

单：对，千禧虫（Millennium bug）。

李：所以我小说中的英雄懂得译码，懂得计算机，他的时间的 urgency（急迫感）很强，比如说那个人喜欢表，家里有很多钟，加上他遍体鳞伤。这种时间的焦虑感显然是我个人的世纪末的情况，当然会延伸进入老年的心境。在看了很多小说、看了很多世纪末的东西之后，我的人文方面的感受是某一种的焦虑，是某一种的时不我予。你说对了，我的时不我予的感受非常强，甚至到现在我的日常生活都有这种感受。我跟我太太在一起的时光很快乐，一个月过起来像一天，一天又好像要当做一个星期来用。但是我们怎么面对死亡？这就是时不我予。这种心境我以前没有。到底什么时候开始的？就是这个时候，是由外在环境造成的：当时我要离婚，香港也已回归了。另外就是整个二十世纪走完了，一个新的局面正要开始，而我已经不属于新的时代。所以那个时候我的心态就和班雅明一样，背对着未来，往前看是过去和一大堆灰烬，当然我不好意思说自己是天使，但就是有那个感受，这倒是被你看出来了。① 你不说我还没有这种感知，经你这么一说，我才发现自己当时真的是在这么一个心境下写的。可是我身为作者不便往

---

① 此处指涉的是班雅明在《历史的理念》（"On the Concept of History"）一文中对画家克利（Paul Klee, 1879-1940）的画作《新天使》（*Angelus Novus*）的描绘。

自己脸上贴金，对不对？

单：所以需要有人提问。

李：而且我的构思和写作之间有距离，我的语言没办法精准到可以把我的感觉写出来，因为我写得太快了。那本书没有人看、没有人评论。

单：可是我读得很有趣啊。

李：我就是希望有人读出有趣的地方，书里有很多典故。

单：不过我必须坦承，如果不是要做这个访谈，我是不会特意去读的。（笑）

双语越界写作与自嘲的艺术

单：你做的文化批评包括专栏文章和短文，也用过"cross writing"（双语越界写作）这个词来形容自己的写作……

李：对，你看得好仔细。

单：我还留意到你一些杂文集标题的特别用语，像是《世纪末呓语》《清水湾畔的臆语》《又一城狂想曲》。好像你一方面写作，另一方面又有点自我嘲讽的意味。

李：绝对是。自我嘲讽是我的一个座右铭，也就是这个年头一定要嘲笑自己。我以前写的杂文里，到最后一定幽自己一默。我的自嘲正是要 deflate 自己（泄自己的气）。我最忌讳的是有些人达到某个程度之后就自鸣得意，觉得自己是名教授、大师。我最讨厌的就是"大师"这个称谓。最近有一位大陆记者问我："现在有没有大师？"我回答说："真大师一个都没有，假大师太多了。"大陆许多人都想当大师。我的策略就是自嘲，可是自嘲要有艺术，我个人最得意的就是我有自嘲的艺术，就好像林语堂有生活的艺术一样。儒家几乎没有人懂得自嘲。

单：太一本正经了。

李：对，对于人生没有距离感，一定要进入人生，改善人生，道德化人生。自嘲是我们这些夹在中西之间的人才有的，总是在边缘的人才会这样自嘲，处在中心的人是不会自嘲的。

单：需要保持一种疏离。

李：自嘲的历史意义和现代意义我个人认为很重要。其实这就是一个人怎么看待自己，怎么定位自己。

单：你著作等身，中、英文都有，中文还分繁体字版和简体字版，这些出版针对不同的读者群，依你个人看来有些什么效应？

李：我不大管效应。可是看得出来的效应就是，在中国大陆有很多学生看我的书，很明显的就是中译本的《上海摩登》（*Shanghai Modern*）成为他们的历史教科书。另外不知道为什么，网上把我一些杂文归为小资读物，就是小资产阶级有点钱之后，觉得也应该有点文化，要附庸风雅，而看我的杂文最容易吸收文化，因为我的杂文有点深度。香港人觉得我是教授，把我捧得很高，而教授竟然愿意写这种文字，他们觉得看我的书就好像是上我的课一样，是在学习，这是一种反应。另一种少数的反应就是我写了大量有关古典音乐的文章，知音愈来愈多。很奇怪的就是，香港那么一个商业社会，竟然有各行各业的人喜欢古典音乐，他们来找我，都变成我的朋友，我们组织了一个"马勒协会"。在台湾我是在"中研院"的纯资深学者，觉得自己在台湾没有什么效应。如果有的话，就是透过演讲带来一些启发，所以我觉得我对于台湾的回馈做得不够。不过我自己已经想得很清楚了，我扮演的角色就是积极鼓励后进，把他们组织起来，并且和外地的学者串联，鼓励他们做一些集体的研究，不要单打独斗，而且要大胆一点。我觉得这是我分内应该做的。因此，我在两岸及香港扮演着不同的角色。

单：那你的影评呢？

李：很少，因为在香港影评写得好的人不少，我只能写老电影的影评。台湾能写的人也不少，但没有地方刊登，连乐评也没有地方刊登。我有些乐评在台湾刊出是因为编辑看我的面子。我觉得台湾这个现象很奇怪，这么多写影评、乐评的好手，可是报纸上很少刊登。

全球化／在地化

单：我们把话题转向华人学术圈，包括以中文写学术著作的人。余英时先生于二〇〇六年荣获有人文学界诺贝尔奖之称的美国国会图书馆克鲁格奖（the John W. Kluge Prize for Achievement in the Study of Humanity）时，你特别提到即使他以中文写书，但美国学界还是肯定他。一九七〇年代，朱立民和颜元叔老师鼓励台湾学者多用中文写学术论文，希望外国的文化、文学研究能在台湾、在华文世界扎根。另一方面，现在大家高喊全球化，要与国际接轨，其实基本上就是美国化与英文化。我们要如何既全球化，也在地化？如何一方面提升国际上的可见度，另一方面又能使文化扎根，变成在地的文化资本？

李：这是一个很大的问题，也是一个蛮复杂的问题。你说得对，在学术上所谓的国际化就是用英文写作、发表文章。我知道在台湾很多学者坚持中文写作，包括研究文化理论和英美文学，等等，这个传统我很赞成。可是又有一个吊诡，就是从西方的立场，特别是美国学院文化研究的立场来看，那个论述很自然地为非白人、第三世界开拓了很多空间，等着别人去颠覆他们。可是现在代表第三世界、非白人能够颠覆美国学界的绝无仅有，周蕾（Rey Chow）是其中之一。我们那一代会觉得应该用英文来书写，可是年轻一代就觉得为什么非要用英文写？因为他们对中文有自信，所以不愿意用英文写。这个时候就缺少了一个 room for negotiation（协商的空间），反而变成各做各的，以致游离于两者之间，代表亚洲可以与西方有对抗式的对话的很少，我觉得很可惜。

反过来说，像是在台湾，包括你们做欧美文学研究的学者，既然大家做得这么好，为什么不逼得他们那些人来跟你们合作学中文？我觉得不同语言之间应该有对话，应该提倡双语越界写作。我知道"中研院"有个研究计划的主题是犹太传统与中国的关系，找了一些以色列学者共同研究，用中文发表成果。

现在美国很明显地有一个典范变迁，就是以西方为中心的理论已经到头了，而且整个世界变了，资本主义的重心移到亚洲来了，怎么办？因为西方的资源就只有这么多，所以他们很自然就创出一个"World Literature"（世界文学）。

单：像是哈佛大学的丹罗许（David Damrosch）。

李：对，这是美国学院的一个 construct（建构），我一看就知道一定是讲歌德（Johann Wolfgang von Goethe, 1749–1832），果然没错。为什么？就是美国学院里一些比较自由的、多元的人要拥抱更宽广的世界，用这个办法来证明他们的价值。可是美国学院的 critical tradition（批判传统）就是一个模式出来，马上就有人反对。我最近在文哲所图书馆看到艾普特的新书《反世界文学》（Emily Apter, *Against World Literature*）——也就是"世界文学"出来没多久，就出现"反世界文学"。美国学院里就是一大堆理论的建构，没有实质的东西。大家反来反去、打来打去，好处是激励我们思考，坏处就是搞了半天什么都没有……

单："高来高去"。

李：对，美国学院就是"高来高去"，特别是文化研究，如果没有 practice（实践）就完全违反了文化研究的精神。在这种情况之下，我觉得存在着一个小小的危机，就是语言之间的协商反而不足了。如果从中文的立场来看，我觉得中文的领域要再扩展。我对于台湾学界的看法就是要更国际化，一种方式就是世界上任何学术会议都有台湾的代表参加，像你去爱尔兰参加绥夫特（Jonathan Swift, 1667-1745）的年度会议、就职三百周年纪念，宣读论文，和各国学者以及当地人士交流，我就好羡慕。倒过来也必须一样，就是要有大量的外国学者进来台湾，参与我们的学术。我觉得现在做得还不够，必须要多交流。一方面台湾的学界有深厚的基础，这是已经证明了的；另一方面还要非常开阔，应该和台湾的面积成反比。要绝对开放，而且是mobile（流动的），见首不见尾似的，到处飞来飞去。这个台湾还没做到。

单：目前台湾学界有一个怪现状，就像你在《徘徊在现代和后现代之间》批评过的美国学制，鼓励快马加鞭式或急躁的学问。你在《世纪末呓语》里也提到为什么香港再也出不了大学问家。现在台湾，甚至国际上，为了急效，出了很多轻薄短小的研究成果，只重量而不重质。你对于这种现象有什么看法？

李：这个问题真的很难回答。若要我批评台湾的学术界，似乎有点言之尚早，因为我在台湾的接触还不够深。一个粗浅的印象就是我接触到的台湾学者里，研究的问题和文本都非常中规中矩，做得非常深入，数据的引用非常好，中英文都有，可是vision（眼界）不够，不敢越界，不敢问一些难以解答的问题，不敢问大问题，总觉得对自己的研究非常懂，但又太谦虚了，谦虚到不敢在公开的场合跟任何学界说："我们就是这么看，我们也跟你们'高来高去'。我们要坚持对话，不能说是我们来听你们的。要倒过来，你们要听我们的。"这种真正的equality（对等）台湾还没做到。对话很难，前提就是他们的东西你大致上都要懂，可是你的东西他们不见得懂，这个时候你就高招了。如果说你懂得他们的东西，可是没有他们懂得多，而自己又没有something original（原创的东西），那就居于劣势。如果你能提出原创的东西，他们就会想：我都没想到这问题！你研究Maxine Hong Kingston（汤亭亭）所提出的论点就是这个优势，我看得很清楚。你问的一些问题是他们那些亚裔美国学者根本没有想到的，而你很自然地想到了。

单：这是因为我有比较文学的背景。

李：是，因为你有比较文学的背景，而在地性也是很大的因素。你基本上是把语言放到里面，并不完全是以英文为主。他们都是觉得英文怎么怎么，而你老早看出在作品的背后有中文的渊源和关系，等等。他们原先没有想到那些，也不去管，现在也管了，可是就晚了一步。我在哈佛时提倡这样对等的对话，还以你作例子。我说："在谈论'亚美'时，'Asian'和'American'这两个字之间应该有一个连字符。"他们说："你错了，这是政治不正确，没有那个连字符。"我说："东西就在连字符那条线里面，而你就在那条线上来来去去。"结果他们说："我们是不用这条线的，这条线表示你太注重亚洲了。"

单：其实是代表你两边并重。①

李：他们自认在美国做亚裔研究是在反对美国霸权。我说，那其他霸权呢？你怎么做？像他们这样根本不可能跟人家对话。所以这是不大不小的危机。这方面反而需要有一些大师级的人物出来和美国对话。就这一点来说印度就厉害了，Subaltern Studies（底层研究）就是从印度出来的。我亲自经验过。印度裔美国学者阿巴杜雷（Arjun Appadurai）在美国红得发紫，但常被印度学者批评说："你懂什么印度？你那套是哄美国人的，我们做的才是印度的底层研究。"他们印度学者照样用英文讲，英文照样写得好。我见过南迪（Ashis Nandy, 1937— ），他好像稳坐在印度那里接受其他人的朝拜，地位很高，就是不离开印度。我想来想去，中国的语境里恐怕只有前两年过世的那位清朝皇室后裔可以相比。

单：就是毓老——爱新觉罗·毓鋆（1906—2011）。

李：有哪位懂汉学的坐在那里，让全世界的人来朝拜？我觉得每一行都应该有这么一个人。

过平常日子

单：回到生活面，套用你和太太的书名，你怎么样过自己

---

① "Asian"和"American"两字之间是否要有连字符，此事涉及身份认同以及对于双方关系的认定。有连字符的"Asian-American"表示亚美双方并重，等量齐观；而"Asian American"的主体是"American"（美国人），"Asian"（亚裔的）则是形容词，表示其身份认同为美国人，族裔背景是亚裔，即"来自亚洲的美国人"。

的平常日子？

李：听太太的话，早起早睡，生活作息固定。在家里要做操、做运动。我的日常生活分为四个乐章：早上要面壁思考或者听莫扎特，这是第一乐章；工作的时候是小快板，第二乐章；中午的时候要玩一玩，是慢板，第三乐章；一天的总结是第四乐章。一天当中几个时段的速度要不一样。

单：除了照顾好个人的平常日子，要如何面对当前的全球人文危机？

李：这个问题太大了。目前有很多人写书讨论全球化所带来的人文危机，从最深的理论到最浅的都有。比方说，桑德尔的近作《钱买不到的东西——金钱与正义的攻防》（Michael J. Sandel, *What Money Can't Buy: The Moral Limits of Markets*）就是探讨这个问题。他举一个很浅显的例子：即使你可以买到登陆月球的票，但也买不到人文这种东西。另外比较深度的理论探讨，像是社会学家包曼的《全球化对人类的深远影响》（Zygmunt Bauman, *Globalization: The Human Consequence*）就是明显的例子。

至于我个人怎么面对？我跟他们不太一样，而是从个人日常生活来做，不唱高调，也不掉书袋。我对于这个危机的态度是开放式的，不是正对着从理论上来颠覆全球化，而是把全球化的优点直接纳入、转化入自己的生活里，然后跟大家分享。我可以举很多实际的例子，这些例子背后都有一半的理论根据。比如说，将来的叙事愈来愈短，用的语言愈来愈精简，有什么办法来因应？于是我鼓励大家用手机写诗，比如把最简单的话"今天晚上要不要回家吃饭？"化为一句诗，利用种种空间来增进自己的人文修养。又譬如我教大家长篇小说要从哪一章开始看。我的方法是接受日常生活中的切断感、现实感、忙碌感，因为我们无法改变它，但可以找到一些因应的方法来提升人文素养。我希望把这些因应的方法变成自己的理论，但不是纯理论，而是从各种文学文本积累的实际经验。譬如讲到慢板，就把昆德拉的《慢》（ Milan Kundera, *Slow* ）拿出来。

我利用种种的小空间填入我的东西，采用与否悉听尊便。我不用大学问家长篇大论的形式，而是采用短文、短句。我正在思考将来是不是用一种更短的双语越界的方式来书写？比如二〇、三〇年代有很多人写警句式的文体，尼采的很多东西都是这种写法。为什么现在不可以再这么写呢？有人说短篇小说没有人看好，我有个短篇就是写这个，是有故事性的，而不是训诫之类的哲理。我尽可能在现有的时空压缩的情况下做创意的尝试，这种尝试没什么了不得的，可是有它的传染性。我讲出概念后别人很容易明白，然后去实行，我希望听到的人可以再自行发挥，就好像传染病一样，我觉得我现在在实行方面已经有部分做到了。这不需要用很高深的理论，理论照样可以浅显易用，将来我可能就是用这种方式来致力于提升人文素养。

访谈的艺术

单：学者很少出版访谈书，你却出版过两本，分别与陈建华和季进访谈，平常也接受各式各样的访谈，因此很熟悉这个"文类"了。你认为访谈的性质与作用为何？

李：那两本书都是受邀的。第一本是傅伟勋要我写思想自传，我不想写，于是要陈建华来跟我访谈。季进的访谈是因为有人认为先前那本访谈书不错，想为我再出一本。跟你的访谈很特别，第一次是台大的石之瑜教授邀你来访问我，接连两天在听众面前问答，除了学术方面，也包括个人内心深处的感受，我以前接受访谈从来没有一次谈那么久，也没有那么深入。对于这类访谈，我现在反而有点上瘾了。有的访谈是类似八卦杂志的访谈，我避之唯恐不及。可是好的访谈是一种非常有创意的对话，往往会刺激我去思考自己不曾想过的事，挖掘或了解连自己都不知道的面向。譬如你刚刚说我的小说里表达出的"老"与"残"的心境就是最明显的例子。访谈应该是对等的，虽然是你在提问，我在回答，可是却让我在回答的过程里有机会来回忆、反省自己，对我有很大的帮助。可是访谈也有缺点，这是我拼命希望避免的，就是受访者不该被视为伟人，访谈却往往太过抬举受访者了。

单：经过今天的访谈，你觉得对"李欧梵"这个文本有什么新的了解或新的诠释吗？

李：我得到很大的鼓励。本来以为关于自己将来退休后要自由、要做什么，等等，是吹牛、空谈，但跟你谈过之后，有些事情想得更清楚了，至少更有勇气了，觉得有很多东西可以做，譬如短文体就是我刚刚跟你谈的过程中想出来的。有些想法说不定我下意识里老早就有了，只是借着访谈把它引发出来。访谈真的有很多好处。我唯一担心的就是，跟你其他的访谈比起来，这个访谈的内容会显得杂乱无章。

单：套用你的说法，狐狸式的访谈也有它精彩的一面。

李：其实我并不真正担心，因为你访问过很多人，很懂得形式上的安排，已经把访谈变成一种艺术，一种学术的艺术了，这方面很少人做。也要谢谢你和助理把我的著作整理出来，你还花了那么多工夫阅读与准备，我都没想到自己有那么多作品，无形中把我的身价都抬高了。

　　单：身为访谈者，准备工作本身就是很大的收获，因为能趁机搜集、阅读一些平常未必特别留意的作品和数据，整理思绪，拟定问题。访谈过程中的互动，当面请教、响应、甚至追问，更是独特的经验，让我觉得受益匪浅，那也是我多年乐此不疲的主要原因。今天从文本的角度切入，请你自我解读与剖析"李欧梵"这个文本，更是前所未有的尝试，觉得很新鲜、有趣。而你狐狸型的个性，开阔的胸襟，以及宽广的触角与视野，让人大开眼界。非常感谢你今天接受访谈。

附录：李欧梵著作目录

1973　*The Romantic Generation of Modern Chinese Writers*, Cambridge, Mass.: Harvard University Press.

1975　《西潮的彼岸》，台北：时报文化。

1980　*The Lyrical and the Epic: Studies of Modern Chinese Literature*, by Jaroslav Průšek; edited by Leo Ou-fan Lee, Bloomington: Indiana University Press.

1981　与刘绍铭（Joseph S. M. Lau）、夏志清（C. T. Hsia）共同编译：*Modern Chinese Stories and Novellas: 1919-1949*, New York: Columbia University Press。

1981　《浪漫之余》，台北：时报文化。

1985　*Lu Xun and His Legacy*, edited with an introduction by Leo Ou-fan Lee, Berkeley: University of California Press.

1986　《中西文学的徊想》，香港：三联书店。

1987　*Voices from the Iron House: A Study of Lu Xun*, Bloomington: Indiana University Press.

1989　*Land without Ghosts: Chinese Impressions of America from the Mid-Nineteenth Century to the Present*, translated and edited by R. David Arkush and Leo Ou-fan Lee, Berkeley: University of California Press.

1991　尹慧珉译：《铁屋中的呐喊：鲁迅研究》，香港：三联书店。

1993　《狐狸洞话语》，香港：牛津大学出版社。

1996　李欧梵口述、陈建华访录：《徘徊在现代和后现代之间》，台北：正中书局。

1996 王德威编：《现代性的追求：李欧梵文化评论精选集》，台北：麦田。

1998 《范柳原忏情录》，台北：麦田。

1999 *Shanghai Modern: The Flowering of a New Urban Culture in China, 1930-1945*, Cambridge, Mass.: Harvard University Press.

2000 毛尖译：《上海摩登：一种新都市文化在中国，1930–1945》，香港：牛津大学出版社。

2001 《世纪末呓语》，香港：牛津大学出版社。

2001 《东方猎手》，台北：麦田。

2002 *The Appropriation of Cultural Capital: China's May Fourth Project*, edited by Milena Doleželová-Velingerová, Oldřich Kraál, and Graham Martin Sanders, Cambridge, Mass.: Harvard University Asia Center.

2002 *An Intellectual History of Modern China*, edited by Merle Goldman and Leo Ou-fan Lee, Cambridge: Cambridge University Press.

2002 《李欧梵自选集》，上海：上海教育出版社。

2002 《音乐的往事追忆》，台北：一方出版。

2002 《都市漫游者：文化观察》，香港：牛津大学出版社。

2002 《寻回香港文化》，香港：牛津大学出版社。

2002 李欧梵、李玉莹合著：《过平常日子》，香港：天地图书；台北：一方出版。

2002 舒非编：《世故与天真》，香港：三联书店。

2002 季进编：《中国现代文学与现代性十讲》，上海：复旦大学出版社。

2003　《城市奏鸣曲》，台北：时报文化。

2003　《李欧梵季进对话录》，苏州：苏州大学出版社。

2004　《清水湾畔的臆语》，香港：牛津大学出版社。

2005　李欧梵演讲，季进编：《未完成的现代性》，北京：北京大学出版社。

2005　《我的音乐往事》，南京：江苏教育出版社。

2005　《音乐的遐思》，新加坡：八方文化创作室。（香港管弦乐团演奏）

2005　李欧梵、李玉莹合著：《一起看海的日子》，沈阳：辽宁教育出版社。

2005　王宏志等译：《中国现代作家的浪漫一代》（ *The Romatic Generation of Modern Chinese Writers* ），北京：新星出版社。

2005　《浪漫与偏见：李欧梵自选集》，香港：天地图书。

2005　《我的哈佛岁月》，香港：牛津大学出版社。

2006　《交响：音乐札记》，香港：牛津大学出版社。

2006　《又一城狂想曲》，香港：牛津大学出版社。

2006　《苍凉与世故：张爱玲的启示》，香港：牛津大学出版社。

2007　《自己的空间：我的观影自传》，台北：INK 印刻。

2007　李欧梵、李玉莹合著：《恋恋浮城》，香港：天窗出版社。

2008　李欧梵、夏志清、刘绍铭、陈建华等著，陈子善编：《重读张爱玲》，上海：上海书店。

2008　*City between Worlds: My Hong Kong*, Cambridge, Mass.: Harvard University Press.

2008　《音乐札记》，香港：牛津大学出版社。

2008　《睇色，戒——文学·电影·历史》，香港：牛津大学出版社。

2009　《李欧梵论中国现代文学》，上海：三联书店。

2009　《人文文本》，香港：牛津大学出版社。

2010　刘鹗著，李欧梵导读，谢祖华绘：《帝国末日的山水画：老残游记》，台北：网络与书。

2010　《文学改编电影》，香港：三联书店。

2010　普实克著，李欧梵编、郭建玲译：《抒情与史诗：现代中国文学论集》，上海：三联书店。

2011　《人文今朝》，香港：牛津大学出版社。

2011　*Musings: Reading Hong Kong, China and the World*, Hong Kong: Muse Books/East Slope.

2012　《人文六讲》，北京：中国人民大学出版社。

2013　《情迷现代主义》，香港：牛津大学出版社。

周英雄与主访人摄于"中央研究院"欧美研究所。
（李有成摄影）

却顾所来径

周英雄访谈录

主访人：单德兴

二〇〇二年九月／二〇一〇年二至三月

新竹交通大学人文社会学院院长室

前　言

　　周英雄教授是台湾外文学界备受尊崇的大老，学养丰厚，与时俱进，勤于论述，著作等身，为人谦和，煦煦绅士，教育学子，提携后进，热心服务，不遗余力，因此我很早就想与他进行访谈，一则了解他个人的学思历程与观察体会，再则借此窥探台湾的英美文学与比较文学的发展与建制，尤其是一般人不熟悉的早年情况。在我近三十年的访谈经验中，这篇访谈录颇为特殊。初次访谈录音是在二〇〇二年九月十三日，地点是新竹交通大学人文社会学院院长室，当时他担任院长兼音乐所所长，因为时间与内容所限，誊稿由张书玮小姐整理出来之后，总觉得不能充分呈现受访者丰富的学养与经验，有待大幅补充，但因双方都忙，以致一搁经年。二〇一〇年初因为周教授即将七十大寿，寿庆文集主编李有成教授很早就知道有这么一篇访谈稿，认为若能整理出来收录于文集中意义自属非凡。

　　然而，这也使我陷入前所未有的困境。我一向重视访谈的伦理，与受访者坦诚沟通，无所隐讳，但这本寿庆文集却是要给周老师的"惊喜"，绝不能让他知情，否则一向谦虚低调的他很可能就此拒绝，不仅访谈录未能完备，若是文集之事因而曝光，更会"坏了大事"。如何在访谈伦理与善意保密之间维持平衡，实为一大难题。而文集的紧迫时限更是另一个压力。于是我硬着头皮接下这份任务，抱着"使命必达"的决心，先与周老师联系有关访谈稿后续事宜，于二月二日农历年长假之前以电子邮件寄出我初步修订的誊稿，有疑问的地方画上底线，须增补的地方以方括号标示，补问的问题列在最后，分别请他释疑、补充、作答，也欢迎自行添加其他内容，以臻完备。但对于周老师在教学、研究与专业服务多方忙碌之中，能否抽空完成全稿，并赶上出版期限，实在没有把握。

但爱护后进、善体人意的周老师即使在很忙碌的情况下，依然全力配合，甚至在春节期间身体微恙的情况下还悬念此事。他最初直接在计算机文件上"写字"修订前几页传给我（周老师对于最新计算机科技的运用，让许多后辈望尘莫及），我接到后立即请黄碧仪小姐修订电子文件，随即奉上。周老师后来发觉在纸本上修订速度更快，于是便在纸上作业，以快递寄给我，我再请黄小姐修订电子文件，将几个强调之处以不同颜色标出，当天就回传，也打印一份请有成过目。周老师再次在纸本上修订，以快递寄来，我再综合有成的建议，终于在三月二十三日完成一万三千余字的访谈。周老师在回复我取名为"访谈稿大功告成"的电子邮件中，以一向谦虚的口吻说："让你百忙之中还操心访谈的文稿，非常过意不去。一切尽在不言的谢意中了。"其实，这正是我要向周老师表达的衷心谢忱。前辈风范，真是令人感动。

我虽然无缘成为周老师的学生，但多年来在许多不同场合见面，从他的言传身教中得到很多启发，是保持最密切联系的前辈学者之一。这次独特的访谈经验更让我体会深切。

虽然在信件往返过程中，对于此稿将于何处发表未曾透露半点口风，确实有隐讳之嫌，但是等周老师看到《管见之外：影像文化与文学研究——周英雄教授七秩寿庆论文集》时，以他的宽厚体谅、成人之美的个性，应不至怪罪才是。然而，我最高兴的是，透过这篇访谈能保存并传扬台湾的英美文学与比较文学前辈学者的学识、经验与智慧，为周老师个人以及外文学门建制史留下记录。至于访谈的标题，周老师要我试拟，我想出"却顾所来径"，周老师欣然同意，后来并被他选为演讲的题目。

家庭与教育背景

单德兴（以下简称"单"）：请问你出生于哪一年？家庭与教育背景如何？

周英雄（以下简称"周"）：我是一九三九年十一月出生于台湾省云林县虎尾镇，父母亲务农，家里有兄弟姐妹十人，我排行老六。我先后就读虎尾小学、虎尾中学，大专联考考进了台湾师范大学社会教育系，念了一年，因为不喜欢社会教育，就参加转系考试，降转英语系，从大一念起。

单：你是到师大英语系才真正接触到英美文学的吗？

周：是的。我印象里中学的图书馆不是顶好，也借不到什么书，所以中学看的是连环图啊、卡通啊那一类东西，通俗小说倒是看了一点，这就是我中学时代所接触到的图书。真正接触到文学是上了大学以后。

单：你当时正式的英文教育就是中学六年，再到大学？

周：对。

单：除了英文之外，有没有中文或其他方面的文学教育？

周：没有。那时候师大英语系分成甲、乙两组，我上的是甲组，在"英语中心"上课。到了英语中心之后，大一只学一般基础语文科目。正式的文学教育大二才开始，在余光中老师的英国文学史课堂上得到真正的启蒙。

单：那时候授课的老师中，你印象比较深刻的有哪几位？

周：大学部有两三位吧。一位是余光中老师，一位是朱立民老师，还有一位年轻的外国人 Mr. Crouch（他的名字好像是David）教我们小说分析，教得非常好。

单：那时候的课程设计如何？

周：英语中心的课程设计比较密集，大一、大二有关语言的课程非常多。我记得大一时有三十三堂英文课，其中有很多语文的课。我们那时候有个特点：寒、暑假都要自己看书，回来要考试。所以有些作品，像是 *Robinson Crusoe*（《鲁滨逊冒险记》），都是在放假时自己读的，也看了几本类似的作品。

单：余光中老师或朱立民老师用的是哪些教科书？

周：那时英语中心有固定的进口原文教科书，两大册，里头有很多作品、图片，很多背景介绍，等等。跟当时的一般外文系比起来，我们是比较幸运的，因为有机会大量接触到第一手的资料。

单：那个时候的教科书市场如何？

周：都是盗版翻印的简本英国文学史，最常见的是朗恩（William J. Long, 1867-1952）的文学史，其中原著不多，不过作者夹议夹叙，倒是令人一目了然，了解英国文学史的来龙去脉。另一本当时常见的读本是佩尔葛雷夫（Francis Turner Palgrave, 1824-1897）的 *The Golden Treasury*，精选了很多英诗。除了中国人之外，另外有相当数目的外籍教师，包括耶稣会神父①。

单：当时的学习风气如何？

周：我们那个学习是比较密集的，一学期有三十三个学分，一开始上课就完全用英文，英语中心的林瑜铿主任也不准我们下课时讲中文。我还记得每个星期五下午都考 Michigan Test（密歇根测验），测验成绩排序公布。所以那个时候的学生很认真，旁骛较少，全心全力念书，学习的成效也不错。

单：当时的老师除了教学之外，从事研究的成绩如何？

周：虽然不能说没有研究，但因为是在早期，研究的条件比较差，所以都要教学并进。朱立民老师教了我们一阵之后再出国进修、攻读学位。中国籍老师可以说都是教学相长，余光中、傅一勤、张在贤几位老师都屡有作品发表。印象中外籍教师的研究似乎少些。

单：那时候的社会风气很封闭，所以学校不涉入政治，学生也封闭在校园里吗？

周：是的，学校对政治的态度是不介入，也不准介入。

---

① 此诗集全名《英文最佳歌谣与抒情诗金库》（*The Golden Treasury of the Best Songs and Lyrical Poems in the English Language*），初版于一八六一年，在英文世界极负盛名。从本书《曲终人不散，江上数峰青：齐邦媛访谈录》所提及的抗战时期朱光潜先生的上课笔记，其中所抄录的诗便来自此诗集之一九四四年版，由蓝登书屋（Random House）出版。一九七三至七四年，我在政大西语系二年级必修余光中老师的英国文学史时，他在课堂上曾提到此诗集，并喻其有如中国的《唐诗三百首》，令人印象深刻。当时台北罗斯福路的外文书店依然贩卖此书的盗印版，足证其在中文世界外文学门风行数十年不衰。

大学时期的文学养成

单：能不能说说对于余光中老师和朱立民老师上课的印象？

周：余老师等于是为学生开了一扇窗，他不仅仅是教英国文学史而已，而且是整体的文化体验，他会介绍新艺术，如鼓励我们去看五月画会画展，也邀请许常惠来做音乐赏析，甚至会带学生到户外去观赏星座。他也鼓励同学们创作，我们当时几个同学尝试写诗，就是受到他的鼓励和影响。

单：有没有发表？

周：有，在《文星》上发表过几篇，《蓝星》上也发表过几篇，学校的刊物里也发表过。我还曾经参加诗歌比赛，还得了奖。

单：余老师那时刚从美国拿到硕士学位回来？

周：对，刚回来。但回来第二年才教我们。我大概是一九六〇年第一次上他的课。

单：朱立民老师教你的时候也是一九六〇年？

周：他是晚一年，我大三的时候，教我们美国文学。英国文学史、美国文学史都是必修。英语系的课必修居多，选修很少。

单：朱立民老师教你们时是在拿到硕士学位之后、攻读博士学位之前？

周：好像是。他拿博士比较晚。

单：他上课的情况如何？

周：他喜欢从文本切入，教《红字》（*The Scarlet Letter*）时，从小女孩 Pearl（珠儿）的观点切入，非常令人耳目一新。其实教学的量不需要太多，质比较重要。教学生怎么样来分析、怎么样来欣赏一本小说，等于给学生一把钥匙。反之，要是讲课一直赶进度，一直跑，跑完了，好像事情都做完了，可是学生不一定能掌握到那把钥匙。我觉得文学是一种实践，文学了不起的地方不一定是它传达的概念，而是提供读者体验生命的途径。朱立民老师往往以一本小说作为分析的对象，不是说什么具体的理论或方法，而是细致地诱导，从某一个切入点进入，从从容容地分析《红字》。这种教学方式是一种观点的诱入，让我们进入作品的字里行间，可以说是文学教育中很重要的环节。

单：一九七五年左右我在台大外文研究所修朱老师的"霍桑专题"时，他也是要我们逐章细读《红字》，并且分派口头报告。你现在回想起来，在大学里印象比较深刻的是这两位老师？

周：对。另外就是大四时的年轻老师 Mr. Crouch，一个学期教十本小说，这在我们那个时候是天文数字，所以分量相当重。此外，他教的小说都是当代的，谈不上有约定俗成的读法，也几乎完全找不到参考数据。我们中国学生学英美文学，在大一、大二、甚至大三，都还不太开窍，光忙于查字典，了解文意，谈不上诠释，但要是经人一逼，你就非得有独立自主的思考能力不可。那门课给了我一个很大的启示：先前学英美文学就好像套着救生圈学游泳，但到了那个课堂上，你就得独立，完全靠自己。我记得后来自己准备了一本小笔记本，训练自己把心得付诸文字，对于自己后来的训练相当有帮助。我们当时还有一个作法，台大也在做的，就是大四的学生都要写一篇比较有分量的小论文，训练我们把阅读、思考、写作整合成一个完整的作品。现在当然不稀奇了，但当时这种情况是很少的。

单：那时候台大和师大之间有没有交流？

周：没有正式的交流，可是学生会彼此旁听。比方说，叶公超先生在师大英语研究所开现代诗，教艾略特（T. S. Eliot,

1888-1965），就有很多外头的人来听。而我自己就骑个脚踏车，到台大去听颜元叔先生的英国文学史。

单：他那时已经使用《诺顿文选》(*The Norton Anthology*)了吗？

周：我印象中《诺顿文选》应该是一九六二年之后才有的，至于是哪一年引进台湾应该查得出。我毕业之前，大家用的都还是 *Golden Treasury* 这一类的诗集，小说则是用复印的讲义。

单：那时候新亚出版社或"美新处"出过一些什么刊物呢？

周：翻译作品。余光中老师跟那时候的"美新处"处长麦加锡（Richard M. McCarthy, 1920-2008，在台时间 1958-1962）以及殷张兰熙的介入，使得新亚出版社出了很多翻译的书。在早期白色恐怖还没结束，可是台湾却有一个很蓬勃的文化风潮，像我刚才说的，五月画会、东方画会的兴起，新音乐也是在那时候引进的，现代主义与存在主义也都为当时沉闷的社会注入清风。

单：除了新亚出版社之外，其他出版社有没有扮演什么角色？

周：我特别有印象的是文星书店，不过当时出版界恐怕还是正中书局、商务印书馆的天下。

单：那么英美文学方面的出版品呢？

周：很少，只有夏济安编的《文学杂志》里的介绍。后来白先勇等人编《现代文学》，开始比较详细的介绍。《纯文学》里有关西洋文学的部分比较少。

立定文学研究之路

单：你是什么时候决定走上文学研究这条路的？

周：我猜我早在念社教系的时候就想念文学了。至于说哪个作品或哪个老师使我想走进文学研究，可能一时没有办法说清楚。人的生涯规划就像游泳，初学者往往学会几种泳姿，其中势必有一种方式让你有兴趣更求精进，更愿意投入心力。我进入文学也是这样的情形，而我的投入显然比一般人晚。

单：班上三十个人中，你是唯一继续从事文学研究的？

周：继续从事文学研究的人不多。除了我之外，何进丁跟我一起考进师大研究所，后来去希腊留学。这种现象相当平常，现在还是如此。

单：你大学毕业后就去服兵役？

周：师大规定要先实习，所以实习的那一年我就当助教，然后去金门当了一年兵，回来继续念研究所。台大的外文研究所是我进入师大研究所的第二年才成立的。

单：所以师大的英语研究所是全台第一个有关英美文学的研究所。

周：师大英语研究所办了将近十年之后才有台大外文研究所（编按：前者成立于一九五六年，后者成立于一九六六年）。

单：你那时是第几届？

周：我应该是第十届。

单：师大英语研究所的师资如何？

周：那时有梁实秋老师和李达三（John J. Deeney）老师。陈钦仁老师教我们英文作文，那时规定英文作文要修四个学期，我们五个人让他调教了两年，学到很多基本功夫。

单：陈老师如何教授基本功夫？

周：每个星期都要写作文，写了以后，他一字一句，甚至一个标点都不放过，上课时还把你有问题的句子都抄在黑板上，然后分析你错在哪里，该怎么改。我们战战兢兢写一篇东西上去，却总是这里错，那里不妥，很有挫折感。不过，我想学外文是该培养这种知错的心态，就是写句子不能"想当然尔"，不能中文这样说，英文就照搬过去，而是要有一种不同的思考与表达模式。我常开玩笑说，说英文可以比喻为唱歌，与我们日常说话方式有所不同。说是如此，写更是如此，需要有相当的自觉，不可率尔下笔成章。

单：你怎么会想到用"唱歌"来比喻说英文？

周：比方说，我们密集口语练习里头有一个单元练习英文的音调，里头就有一个练习："Hello, Bob. Hi, Dick. How are you? I'm fine. Thank you. And you?"用五线谱画出高低音阶来，明白标示英文的抑扬顿挫，一看一念就明白英文与中文的差异。我所谓的唱歌，想强调的是英文与其他外文一样，绝非天生自然的媒介，而是透过自觉学习而取得的智能。另一个值得分享的想法就是，我在教英诗的时候，经常思考要如何引发学生的学习动机。英诗的朗诵非常重要，可以使学生身体力行，体会到什么是抑扬顿挫。比方说华兹华斯（William Wordsworth, 1770–1850）的许多诗拿来念念看，就会让学生了解到浪漫主义的悲情与引人入胜之处。

单：当时师大研究所的课程设计如何？总共多少学分？

周：学分不多，大半是必修课，包括莎士比亚、英语语言史、语言学概论、研究方法等。作文两年必修，口语训练一年，翻译一年，语文训练分量相当重，翻译由余光中老师带我们逐句试译《不可儿戏》（*The Importance of Being Earnest*）。

单：原来他那么早就教这个剧本了！

周：是的，从头到尾一句一句切磋、勘误。另外还有口语训练也颇吃力。我记得李达三老师教我们会话，还要录音，用的是那种大盘子的录音带，录音时只见那个大盘子一直在转，心里更是紧张。其他选修课不多，我记得有一年选修的是莎士比亚，全班都选。

单：谁教？

周：梁实秋老师。其他除了美国文学就没什么课了，主要的时间就自己写论文。

单：梁先生教莎士比亚是怎么个教法？

周：教他熟的东西，一共教五个剧本。

单：只教文本？还是也会提到版本的问题？

周：他会稍微介绍一下有几个版本，这是他很在行的，其他时间就是剧本的分析。但我的印象不是太深刻，因为我对戏剧并不太能进入状况。

因为我大学部念的就是师大，有些大学部和研究所共同开的课我已经修过了，所以印象中我选的课不多，主要是语文的基本功以及新批评（New Criticism）的分析。那时候倒是上了李达三老师教的新批评，相当令人耳目一新。还有傅良圃（Fred Foley）神父教美国文学，侧重文献研究。那时大致上功课忙碌，而基本的东西也大致完备。

单：李达三老师是怎么教学的？

周：以新批评的方法来看文学作品，采用 *Understanding Poetry*（《理解诗歌》）那一类的教材。那时候不仅仅是李达三老师，还有颜元叔老师也在讲新批评，一九六〇年代前后新批评大行其道，给本地学生研究文学很好的着力点。怎么说呢？我们阅读外国文学时往往因为语言文化的隔阂，而有一种惶惑、无力、挫败的感觉，可是新批评让你可以对文本做一个近距离的处理。那时候还没有复印机，李达三老师教我们分析一首诗时，就用复写纸在打字机上打十份，十份中一份看意象，一份看韵律，一份看主题……一共十种版本，而后加以排比，并从中归纳出个人的批评论述。教小说分析的 Mr. Crouch从细部切入，带我们剑及履及，亲身体验文本，并进而深入到文本背后所指涉的社会面向，具体掌握文本的肌理及背后的社会文化涵义。

单：你刚才提到写专题论文。你的论文写的是哪方面的题目？由谁指导？

周：我的专题写的是意象诗，算是平生第一篇学术论文，后来还拿去 Concentric（《同心圆》）发表。Concentric 由余光中老师创刊、主编。

单：当时就是这个名字吗？

周：没错，这个刊物一直办到现在。余老师办了两三期之后出国，我在系里当助教时还接手办了一阵子。刚刚创刊时，余老师就叫我把专题论文拿去投稿，当时觉得蛮有成就感，不过真正的学术价值可能有限。

出国深造

单：后来你就出国念书了吗？

周：我研究所没念完就考取了夏威夷大学的东西中心（East-West Center, University of Hawai'i at Mānoa）奖学金，在那边念了一个硕士学位（两年）。我跟比较文学的渊源就是在那边开始的。那里有一位教授叫 Lily Winters，她是东亚系的老师，我跟她念了一门一对一的专题课，看了一些明清小说。另外我在自己系上选了一门民间叙述文学，看了些太平洋原住民的叙事文学，还有美国印第安人的童话、民间故事等等。到了最后一个学期，我该选的课都选完了，所以就把大部分的精力转到比较文学。

单：你出去也是念英美文学？

周：对。当年跟我一起去东西中心的有田维新，我们两人还结伴去布朗大学（Brown University）念了一个学期。

单：所以你到夏威夷大学两年下来，兴趣就转到比较文学，那边念完就直接到美国加州圣地亚哥吗？

周：依规定我们必须回台任教，所以我就回到师大教了三年书。

单：你回来教书的时候，国内的教学与研究环境和你当学生时相较如何？

周：国内的信息比以往多，翻版书可说是琳琅满目。

单：是双叶和敦煌印的吗？

周：双叶、敦煌早期印的似乎以有关中国社会文化的外文书籍居多，翻版的英美文学作品稍晚才出现。

单：你是教文学课程还是……

周：……教文学，教英诗与文学史。为什么让我教现代诗，我也想不通。一个二三十岁刚拿到硕士学位的人去教英诗显然不自量力。

单：那时候的研究风气如何？

周：那时候淡江已经开始计划发展比较文学，而归国学人如胡耀恒、叶维廉、颜元叔、余光中、朱立民都是重要的拓荒者。

单：其他学者呢？

周：也都持开放的态度，积极加入，像叶庆炳、林文月、侯健。侯健的作品就是那个时候写的，分量相当可观。

单：当时《淡江评论》（*Tamkang Review*）《中外文学》刚

创刊，台湾大学设立比较文学博士班……

周：对，还有比较文学学会的成立，都在同一个时期。[①]

攻读博士学位

单：你在师大任教三年后再前往美国加州大学圣地亚哥校区（University of California, San Diego）深造？

周：对。因为我在夏威夷的一位指导教授 Charles Scott Bouslog 说圣地亚哥是加州大学成立的新校区，学术风气创新，不同国家文学同归一系，互通有无，值得一试。

单：申请学校时写研究计划的情况如何？

周：因为我对民俗文学略有兴趣，而我在师大这边的学位并没放弃，所以我回来以后把师大的论文交上去，拿到了第二个硕士学位。我在师大完成了一篇有关还魂主题的论文。中国和西方的小说都有关于鬼魂回阳的故事，我申请的时候就运用这些数据，写了一份读书计划。那时候我得到了几所学校的入学许可，包括以比较文学与民俗学著名的印第安纳大学，我犹豫了相当久的时间，文学固然是我的专业，可是另一方面我很喜欢民俗文学，而民俗文学比较少人念。后来考虑圣地亚哥这条路比较明确，而且圣地亚哥给了我奖学金，所以就放弃了印第安纳大学。

单：你觉得夏威夷、圣地亚哥跟在台湾的研究情况、教学

---

① 《淡江评论》创刊于一九七〇年四月，台湾大学外文研究所博士班创立于一九七〇年夏季，《中外文学》创刊于一九七二年六月，比较文学学会创立于一九七三年七月。

情况的最大不同在哪里？有些什么震撼？

周：当然有相当的差异。国内学术比较一元，教学循序渐进，只要有相当的努力，大致上学习不会有太大的差错。可是在国外不同的教授有不同的治学方法与理论取向，要求也因此大不相同。有些科目当然可以得心应手，可是有些科目也能让你焦头烂额。再说进入念比较文学博士的阶段，论文要自己来界定范围、方法，提出自己的论证，因此压力相当沉重。不过我觉得这也是成长过程中比较重要的环节。

国外另一个不同的特点就是学风开放，我到了圣地亚哥，发现文学系课程颇为多元，什么样的教授或讲者都有，让人大开眼界。当时国内课程比较划一，学生按部就班，只要持之以恒，终究可以完成学业。但国外情形不同，有人无所适从，长期找不到方向，因此半途而废。

单：你在圣地亚哥待了多久？

周：从一九七二到一九七七年，总共五年。

于香港与台湾任教

单：取得学位之后就决定回亚洲？

周：对，本来在台湾已经找好工作。但台湾早期的政治气氛不好、不自由，所以我就选择去香港。

单：到香港中文大学？

周：是的。

单：你是哪些年待在中文大学的？

周：一九七七到一九九四年，总共十七年。

单：那时候台湾在比较文学方面的学者还有限。

周：台湾人才不少，不过似乎也有不少的学者同时到了香港，如袁鹤翔、李达三、余光中、郑树森、黄德伟、黄维梁、陆润棠、王建元、谭国根、陈清侨等，相当热闹。

单：香港那时的学制、研究风气和台湾有什么不同？

周：香港当时依照英国学制，除了中文大学之外，其他学校大学部都是三年制。中文大学虽然是四年制，但跟其他学校一样，采学位制，学生毕业前要考六个学位试，形式比较正式，不管命题、给分都有一定的规范，也都需要经过校外委员审核，而考试成绩与平时上课成绩一并统计，学生毕业时根据这项分数加以排序，分一级荣誉、二级荣誉等。也就是说，香港的学制比较结构化。此外，当时香港的大学属菁英制，毕业生出路通常不错。至于研究，香港早期殖民教育制大致上采自由放任政策，上面的管制不多，经费给得比较大方，因此有一段时间香港的比较文学活力充沛，学者跟台湾、大陆与欧美的学界来往相当频繁。

单：你再回到台湾已经是一九九四年了，那时候台湾的学术风气如何？

周：一九八〇年代末，台湾出国的年轻学者陆续返台，学术风气很盛，而西方理论，尤其是解构主义，在台湾蔚为风气，气势显然盛过香港。

单：是什么因素让你决定回台湾的？

周：人生总是有阶段性。我本来打算回来客座一年，没规划长住。

单：香港待遇大约是台湾的四倍，而余光中老师在一九七〇年代初去香港任教也有这方面的考虑。

周：我回来那年刚刚年满五十五。记得五十五岁生日之前几天，我写信回香港给太太，说我不回中文大学了，我要开发事业的"第二春"。（笑）当然，回台也不是一路顺利，夫妻分居两地，外加行政劳累，因此四年之后曾有回香港之议，并向交大提出辞呈，不巧中正大学郑国顺校长此时再邀我去当副校长，所以身不由己，又待了下来。

单：你在香港和台湾都任教多年，请问你主要开过哪些课？在两地教学的经验有何不同？

周：我本来的兴趣是诗歌与俗文学，现代文学也稍有涉猎。后来在香港中文大学开的课倒是以现代小说为主，从诗转到小说，花了相当的心力。回台之后早期以大一英文、文学概论与英国文学为主要开课对象，而以启迪年轻学子、开启文学之窗为乐。日后如有可能，打算把历年教授文本与文本性的教材改写成一本文学导读读本。至于香港与新竹两地教学经验的异同，早期香港的大学属于菁英教育，外文程度普遍较佳，但对进修与研究的兴趣低于台湾。反之，台湾的学生语文能力较弱，写作尤其有待加强，但每年总有几个学生极富潜能，令人有得英才而教之的欣慰。不过话说回来，教学的成败并非单方面的问题，外在大环境对文学教育的冲击也不容忽略，把以往文学教育的理念与方法视为理所当然，可能已不合时宜。

台湾的学术建制与研究风气

单：你对台湾的学术建制有些什么看法？

周：目前研究活跃的程度远远超越一九七〇、八〇年代。大家埋头研究，几乎没有例外。年轻的、资深的学者都要做研究，否则动辄有被淘汰的可能。研究的数量和质量大致上相当不错。我的观察是，活跃的学者每年平均都有两篇以上的论文。严格说，并不是不研究就会有什么机制把你革职或减薪，而是整体的教学研究文化生态是如此，不努力往往有被边缘化的压力，因此产量一定要跟上，甚至于研究的题目、方法、范畴，也都有相当的规范。当然，太讲究效率与规范难免会有急就章的现象，甚至一元化的偏差，基础或比较冷僻、难处理的工作往往就比较少人涉及。

单：你刚刚提到，没有时间有系统地做比较基础的工作，能不能稍微说明？

周：比方说，在我们的学门里，有人要耐得住寂寞，研究弥尔顿（John Milton, 1608–1674）失明的阶段所写的东西。文学研究社团的建立固然很重要，可是重要但比较冷僻的题目还是必须要有人去做。再说理论往往讲波段，比如说，一九六〇年代早期盛行新批评，一九七〇年代早期结构主义兴起，到了一九八〇年代又有解构主义取而代之。某一个阶段盛行某一种风潮，而风潮难免会影响到学术生态，甚至会影响到个人的取向，影响到研究的质量和数量。

单：你刚才提到，台湾现在的研究风气和以往不可同日而语，现在的一些学术建制，比如说学系、期刊、学会，等等，你觉得它们的角色如何？

周：我觉得学术风气比以前强盛很多，提供许多年轻学者发表的园地，这是以前没有的。以前要相当资深才能发表著作，博士生、甚至新进教师要冒出头比较困难。至于学会是不是可以做得更多一点？西方的学会功能似乎比我们更多元，工作包括年会、学报、征才、求职，甚至认证，等等。台湾正朝正确的方向迈进，但政府与民间的支持几乎是零。没有这两方面的突破，学会的功能恐怕不容易大大提升。政府、学校与学会如果能够建立三角支持与制衡的机制，相信有益于国内学术水平的提升。

台湾刊物难于提升到国际水平，原因与缺乏制度化、长期的支持有关。美国有不少刊物是由学校认养的，有特定的教授与行政支持。至于学会，理事长的任期要长一点，最好一任两至三年，甚至可考虑由当届的副理事长接任次届的理事长，以求会务的延续。

单：你对人文学科的评鉴与学会或政府的互动有什么看法？

周：理工科研究成果优劣比较有客观标准。人文学科则比较难有一成不变的通则，因此比较依赖大家建立共通的文化，固然难免会滋生山头、派系，不过只要有评鉴的机制（相对于内容），一切求其公开、公平、公正，问题应该也就不大。外文学门的山头、派系似乎不存在，大致能维持百花齐放的局面，尽量避免因为研究路线、方法不同而发生打压的情形。不管做什么题目、用什么方法，只要你的研究自成一格、面面俱到、深入探讨、独具创意，就应该获得应有的承认与资助。至于相互验证，还是需要我们这个学门的互动，相互切磋、修正，甚至评价。不过先决条件是学门内的研究要有相当的重叠性才行；有的人从事的研究比较冷僻，不免因此感到孤立。

学术特色与研究心得

单：你认为台湾的比较文学和英美文学研究有什么特色？

周：比较文学与英美文学两者之间虽然有难易、轻重、先后之分，看个人研究的擅长与喜爱而定，但两者不必截然分割。我个人甚至认为我们固然要求专精、专心钻研一方，但若行有余力，跨足另外一边恐怕也是必要的。何况比较文学与英美文学基本上都在探讨社会形态的再现，只不过切入点有所不同。我们身在此时此地，做比较文学往往倾向从本位切入；反之，做英美文学也不妨从异文化的角度切入，只要持之以恒，相信成果必然有可观之处。近年来比较文学的研究比较少人做，显然与学门的生态有关，相信日后还会有人愿意回来耕耘这块园地。至于英美文学，经过这二三十年的经营，成果也颇有可观之处，尤其是有关非主流论述的研究，如亚裔英美文学、弱势族裔论述、旅行文学、异文化等，可谓生气蓬勃。我们只消将之与主流文化加以联结，相信必然能立足于国际外文学界。

单：这是不是你在"国科会"的《人文与社会科学简讯》上谈论外文学门发展时所提到的"niche"（利基）？

周：对，我们不能老跟别人走，否则难免事倍功半。我们更大的问题毋宁是：欧陆的理论常常是透过英美的翻译，研究的深度、甚至质感可能因此受限。我们要做个专题或写一篇文章之前，最好不要马上动笔，而是先就策略坐下来想一想。想一想是不是只凭一时的喜好（或众人的喜好）而就一头栽进去。根据我个人的经验，有时候翻杂志、看书，会偶遇很好的吉光片羽，或者甚至去听音乐，突然灵感乍现，我通常立刻记下来，事后再从那个地方钻进去，看其他人如何讨论这些议题，而我旧题新做有无意义？有无新意？这种作法带有相当的风险，可是好处是个人主导性比较高，比较有成就感。

单：你提到从特定的角度看东西，或早年比较有自主性、特别看法，或者更早在学生时代看到朱立民老师从不同的角度切入文学作品，不知道从这些当中能不能看出一些关联性？

周：学问也许可分为两种，一种是整理的学问，爬梳现象或文本背后的历史脉络、或系统定位。另一种是整理个人心得，提出人所未见的看法。两种作法无所谓优劣之分，看个人的擅长而定，不但要考虑自己的擅长，同时也要尽可能藏拙。

单：回顾自己的学术生涯，包括求学生涯，你会如何分期？个人的不同时期如何对应到外在的文化或政治脉络？

周：无可讳言，个人的研究会因立足点的变动而修正。比如说，我回来台湾之前，对文学理论、尤其是结构主义很感兴趣。而大陆在一九八〇年代中期兴起的文化热与寻根文学也对我有相当的冲击，因此写了一些文章。由于要跟教学配合，我在八〇年代之后也开始做小说的比较研究。回台湾后，我的研究转向新兴文学，主要做爱尔兰文学。相形之下，我在香港时期的研究比较多元，回国之后的研究比较单元。近三五年我企图突破单一的国家文学研究，试图从异文化的观点看现代性，也希望能引进比较的面向。

单：你著述甚丰，也主编了不少书，你会如何将自己的作品分期、分类？这些作品的时代背景如何？发挥了哪些作用？

周：在香港中文大学任教期间，我曾与郑树森、袁鹤翔合编了几本中西比较文学的论文集。我自己的论著大致上探索结构主义与中国文学的体用问题。之后我有机会接触中国大陆现当代文学，同时配合中西比较小说的理论，撰写了一些小说与心理的论文，并着眼于阅读，写了若干书评，算是个人比较热衷的副产品。回台之后与冯品佳老师一起编了几种有关新兴文学与影视文化的论文集。去年把近期的论文结集成书出版，其中收有近期对异文化的思考。严格说来，我的著作分香港与新竹两个时期，前者姑且称之为中西比较文学，后者转向异文化的探讨。

工作、家庭与未来计划

单：你如何兼顾工作与家庭生活？

周：我的家庭生活简单，除了工作、健身与休息之外，几无其他活动。我每天一早去研究室工作，下午回家带太太去十八尖山健行，工作与休闲搭配得很好。几年前每年夏天总去欧洲待个十来天，现在每三四个月去一趟东京探望女儿与小孙女。

单：你对新的计算机科技兴致很高，而且乐于接受和运用。为何如此？有何心得？

周：老人智力衰退是无可避免的现象，尤其显著的是创意的流失，思绪不如当年敏锐。而老人戒之在闭，需要广开心路。最近冯品佳老师要我跟她的研究生谈研究之道，我的讲题为"Only Connect"，建议学生多收集，多加联结。信息的管理如有计算机科技的辅助，效果无疑会高于早年我们整理 3吋×5吋（约7.62cm×12.7cm）数据卡片的笨工夫。我对计算机所知甚少，不过喜欢看看杂志、逛逛网站，偶尔抓到一点新的功能，往往有意想不到的满足感。

单：你目前的生活情况如何？对于未来有没有什么规划？像是写回忆录？

周：目前我在交通大学与中华大学都有课，开授的科目包括"小说中的自我与他者""童话选读"，另外也教写作。教书忙，而外头各种杂务更令我常有无招架之功的窘境。将来有时间、有精力，希望可以写一本文本分析的导读读本，另外也盼望能把当年的硕士论文拿出来，重读几十年前个人的想法，看看能不能做点异文化的比较研究，算是个人研究上的总结。

单：请问你对访谈这个文类的性质与作用有何看法？

周：接受访谈几乎等于是告解，对我个人来讲是件痛苦的事。不过学术社群讲求经验的累积，访谈说是经验的传承不一定正确，新人毕竟有新意，不必墨守老人的成规；不过，访谈说不定可以留下若干见证，甚至一些前车之鉴，可以让年轻人的研究之路走得更顺畅，更快得心应手。

附录：周英雄专著与编著目录（仅注明初版）

专著

1972　*A Study of the Return Motif in Fiction*，台北：嘉新水泥公司文化基金会。

1983　《结构主义与中国文学》，台北：东大。

1989　《小说·历史·心理·人物》，台北：东大。

1990　《比较文学与小说诠释》，北京：北京大学出版社。

1994　《文学与阅读之间》，台北：允晨文化。

2009　《异地文化：余光阅读》，香港：天地图书。

编著

1980　与郑树森、袁鹤翔合编：《中西比较文学论集》，台北：时报文化。

1980　与郑树森（William Tay）、袁鹤翔（Heh-hsiang Yuan）合编：*China and the West: Comparative Literature Studies*, Hong Kong: Chinese University Press。

1986　编辑及绪论：*The Chinese Text: Studies in Comparative Literature*, Hong Kong: Chinese University Press。

1994　与陈其南合编：《文化中国：理念与实践》，台北：允晨文化。

1996　主编：《现代与多元》，台北：东大。

1997　专题编辑：《新兴英文文学》，《中外文学》25卷9期。

2000　与刘纪蕙合编：《书写台湾：文学史、后殖民与后现代》，台北：麦田。

2007　与冯品佳合编：《影像下的现代：电影与视觉文化》，台北：书林。

2008　与朱水涌合编：《闽南文学》，福州：福建人民出版社。